U0115986

地域文化研究叢書・嶺南文化叢刊

嶺南近代文化論稿

上冊

劉聖宜　著

目次

「嶺南學叢書」緣起

　　吾國土地廣袤，生民眾多，歷史悠遠，傳統豐碩。桑田滄海，文化綿延相續，發揚光大；高穀深陵，學術薪火相傳，代新不已。是端賴吾土之凝聚力量者存，吾民之精神價值者在。斯乃中華文化之壯舉，亦人類文明之奇觀。抑另觀之，則風有四方之別，俗有南北之異；學有時代之變，術有流別之異。時空奧義，百轉無窮；古今存續，通變有方，頗有不期而然者。

　　蓋自近代以降，學術繁興，其變運之跡，厥有兩端，一為分門精細，一為學科綜合。合久當分，分久宜合；四部之學而為七科之學，分門之學復呈融通之相，亦其一例也。就吾國人文學術言之，舊學新學，與時俱興，新體舊體，代不乏人。學問之夥，蓋亦久矣。是以有專家之學，許學酈學是也；有專書之學，選學紅學是也。有以時為名之學，漢學宋學是也；有以地為名之學，徽學蜀學是也。有以範圍命名之學，甲骨學敦煌學是也；有以方法命名之學，考據學辨偽學是也。外人或有將研究中國之學問蓋稱中國學者，甚且有逕將研究亞洲之學問統名東方學者。是以諸學之廣博繁盛，幾至靡所不包矣。

　　五嶺以南，南海之北，或曰嶺表嶺外，或稱嶺海嶺嶠；以與中原相較，物令節候殊異，言語習俗難同，蓋自有其奇胲者在。嶺南文化，源遠流長。新石器時代，已有古人類活動於斯；漢南越國之肇建，自成其嶺外氣象。唐張曲江開古嶺梅關，暢交通中原之孔道；韓昌黎貶陽山潮州，攜中原文明於嶺表。宋寇準蘇東坡諸人被謫之困厄，洶為嶺隅文明開化之福音；余靖、崔與之等輩之異軍突起，堪當

嶺外文化興盛之先導。明清之嶺南，地靈人傑，學術漸盛。哲學有陳白沙、諶甘泉，理學有黃佐、陳建，經史有孫蕡、屈大均，政事有丘濬、海瑞。至若文學，則盛況空前，傳揚廣遠，中土嘉許，四方矚目，已非僅嶺南一隅而已。明遺民詩家，自成面目；南園前後五子，各領風騷。韶州廖燕，順德黎簡，彰雄直狷介之氣；欽州馮敏昌，嘉應宋芷灣，顯本色自然之風。斯乃承前啟後之關鍵，亦為導夫先路之前驅。晚清以還，諸學大興，盛況空前。其穎異者，多能以先知先覺之智，兼濟天下之懷，沐歐美之新風，櫛西學之化雨，領時代之風騷，導歷史之新潮，影響遠播海外，功業沾溉後世。至若澳門香港之興，則嶺海之珠玉，亦華夏之奇葩；瞭望異邦，吾人由斯企足；走向中國，世界至此泊舟。故曰，此誠嶺南之黃金時代也。然則嶺南一名之成立，則初由我無以名我，必待他者有以名我而起，其後即漸泯自我他者之辨，而遂共名之矣。

晚近學者之矚目嶺南，蓋亦頗久矣。劉師培論南北學派之不同，嘗標舉嶺南學派，並考其消長代變；汪辟疆論近代詩派與地域，亦專論嶺南詩派，且察其時地因緣。梁任公論吾國政治地理，言粵地背嶺面海，界於中原，交通海外；粵人最富特性，言語習尚，異於中土；蓋其所指，乃嶺南與中原之迥異與夫其時地之特別也。梁氏粵人，夫子自道，得其精義，良有以也。斯就吾粵論之，其學亦自不鮮矣。有以族群名之者，若潮學、客家學；有以宗派名之者，若羅浮道學、慧能禪學；有以人物名之者，若黃學、白沙學。晚近復有以各地文化名之者，若廣府、潮汕、客家、港澳，以至雷州、粵西、海南之類，不一而足；且有愈趨於繁、愈趨於夥之勢。

今吾儕以嶺南學為倡，意在秉學術之要義，繼先賢之志業，建嶺南之專學，昌吾土之文明。其範圍，自當以嶺南為核心，然亦必寬廣遼遠，可關涉嶺南以外乃至吾國以外之異邦，以嶺南並非孤立之存

在，必與他者生種種之關聯是也。其方法，自當以實學為要務，可兼得義理考據、經濟辭章之長，亦可取古今融通、中西合璧之法，冀合傳統與現代之雙美而一之。其目標，自當以斯學之成立為職志，然其間之思想足跡、認識變遷、求索歷程均極堪珍視，以其開放相容之性質，流動變易之情狀，乃學術之源頭活水是也。倘如是，則或可期探嶺外之堂奧，究嶺表之三靈，彰嶺嶠之風神，顯嶺海之雅韻也。

考鏡源流，辨章學術，為學當奉圭臬；學而有法，法無定法，性靈原自心生。然何由之從而達於此旨，臻致此境，則時有別解，地有歧途；物有其靈，人有其感；惟所追慕嚮往者，則殊途同歸、心悟妙諦之境界也。吾輩於學，常法樸質之風；吾等之懷，恒以清正為要。今此一名之立，已費躊躇；方知一學之成，須假時日。嶺南學之宣導伊始，其源遠紹先哲；嶺南學之成立尚遠，其始乃在足下。依透迤之五嶺，眺汪洋之南海；懷吾國之傳統，鑒他邦之良方；願吾儕之所期，庶能有所成就也。於時海晏河清，學術昌明有日；國泰民安，中華復興未遠。時勢如斯，他年當存信史；學術公器，吾輩與有責任。

以是之故，吾等同仁之撰著，冠以嶺南學叢書之名目，爰為此地域專學之足音；其後續有所作，凡與此相關相類者，亦當以此名之。蓋引玉拋磚，求友嚶鳴，切磋琢磨，共襄學術之意云耳。三數書稿既成，書數語於簡端，略述其緣起如是。大雅君子，有以教之；匡其未逮，正其疏失，是吾儕所蘄望且感戴焉。

左鵬軍

丁亥三秋於五羊城

前言

　　中國近代是西學東漸的重要時期，又是中國文化走向現代化的開端時期。隨著形勢的發展和現實的需要，對這一時期文化史的研究已經越來越引起社會和學術界的重視。然而，這一研究目前還是處於相對薄弱的狀態，導致我們對這一段文化史的發展過程還不能全面認識和詳細評價，對歷史的經驗教訓也缺乏有力度的揭示。由於中國近代文化史是一個龐大的題目，而個人的力量有限，所以筆者依自身的學術積纍和興趣，把研究目光鎖定在近代嶺南地區。這個地區是西學東漸的前沿，得風氣之先，不但吸收西方文化走在全國前列，而且嶺南人對如何融會貫通中西文化也做出了最早的探索和獨特的貢獻。近代嶺南文化在中國文化史中的地位是非常重要的，這是一個很有意義的研究課題。

　　從嶺南文化本身的發展過程來看，近代是它獲得快速發展和質的提升的階段，是它從農業文明向工業文明過渡的轉型時期。在這個時期中，外部力量的侵入、社會的動盪、政治的風雲成為文化變革的催化劑。艱難的轉型中，嶺南文化在繼承中國古代文化經世致用等優良傳統的基礎上，吸收西方文化之長處，逐步實現文化的改造、更新和提高。近代，是嶺南文化發展長河中的一個非常關鍵的豁口。嶺南人在世界進入中國、中國走向世界的歷史時刻，做出了明智的選擇和敢於創新的努力。思想觀念的轉化是整體轉化的前提，具有破冰的意義，近代嶺南文化包含了豐富的思想啟蒙資料，也產生了近代最為傑出的思想領袖。可以說，近代是嶺南文化形成和發展中最為鼎盛的時

期，也是嶺南人在文化上對中國社會發展貢獻最大的時期，值得大書特書。

在廣東地區，嶺南文化研究是二十世紀八〇年代興起而至今不衰的熱點問題，筆者有幸躬逢其盛，參與其中，不想辜負大好時代給予的機會，故有此書之寫作。本書收入筆者從一九八五至二〇〇七年歷年研究嶺南近代文化和人物的心得與收穫，其中部分章節曾以論文的方式在學術刊物上發表過。現把它們歸類排列，分為四章：第一章宏觀綜論嶺南文化的屬性、內容、特點、發展變化等問題；第二章專題研討嶺南文化與西方近代文化的關係；第三章分析西學東漸對中國近代改革思潮的影響與作用；第四章對發生了全國性乃至世界性影響的嶺南近代人物洪仁玕、康有為、梁啟超、丘逢甲、孫中山等進行個案考察。在此基礎上，本書從多方面分析了嶺南成為近代維新、革命思想發源地的時代與地域淵源，展示了嶺南深厚的人文底蘊和開拓進取的精神風貌。所論僅是初步的、很不成熟的意見，所述亦僅為嶺南近代文化中很小的幾點。希望本書的出版能對嶺南文化的研究起拋磚引玉的作用。

劉聖宜

2007 年 9 月 26 日

第一章
共性・個性

嶺南文化論析

一　什麼是文化

　　「文化」一詞的初見，在中國文獻中可追溯到西漢，原本是指古代《詩》、《書》、《禮》等典籍以及文物典章制度和禮儀風俗，還有就是指與武力相對應的教化。可以說，文化就是文治教化，即以中國固有的禮樂典章制度、倫理道德對人進行制約和感化。這種理解在中國一直保持到近代。「文化」一詞在近代有所變化，原因是十九世紀中葉以來，西學東漸，英語 culture 一詞被作為「人類學」、「社會學」、「文化學」這些西方學科的一個專有名詞引進中國，翻譯為中文，這個詞就是「文化」。既然「文化」是一個西方的術語，那麼它的意義是什麼呢？英國的人類學之父泰勒把文化定義為：「文化是一個複雜的總體，包括知識、信仰、藝術、道德、法律、風俗以及人類在社會裏所獲得的一切能力與習慣」，是「整個生活方式的總和」。不過，麻煩的是，文化作為一個科學術語，一九二〇年以前有六個不同的定義，到一九五二年竟然增加到一百六十多個。究竟什麼是文化，眾說紛紜，見仁見智，人們大可以根據自己的理解和需要來使用文化一詞。

　　我們還可以看到，西方有關文化的概念傳入中國後，近代中國學人在文化的釋義方面已經接近西方。他們把西方傳入的「文化」稱為大文化、廣義的文化。它是人類生活方式的總和，是人類在物質和精

神生產中創造性活動的總和，是這種活動的結果。而中國原有的「文化」可稱為小文化或狹義的文化。一九七九年版《辭海》「文化」條目對其含義作了這樣的界定：「文化，從廣義來說，指人類社會歷史實踐過程中所創造的物質財富和精神財富的總和；從狹義來說，指社會的意識形態，以及與之相適應的制度和組織機構。」這個界定，應該成為我們對文化的一個共識，成為我們進行文化研究的前提。

二　嶺南文化性格

文化是多種多樣的。民族性、時代性和區域性是文化存在的三個基本樣式。以民族性來說，嶺南文化是中華民族文化中的一分子，是中華民族文化的核心——中原文化在嶺南的延伸；以時代性來說，嶺南文化可分為古代、中世紀和近現代等時段，而以近代的嶺南文化最具矚目的個性和時代精神；以區域性來說，嶺南文化是一種十分獨特的南方山河海文化。對於嶺南文化，近人有以珠江文化和海洋文化概括之，雖然頗能顯示嶺南文化的特色和價值，但我以為不夠全面。嶺南地形複雜多變，山地和丘陵所佔地　表在百分之五十以上，山丘文化是不能忽視的，只是開發較晚，還未引起注意而已。

作為一個區域，嶺南地區位於中國最南方，一般是指南嶺山脈以南，包括廣東省、海南省、廣西省（今廣西壯族自治區）大部分，還有香港和澳門。秦始皇統一中國，在嶺南置桂林、象、南海三郡。粵西屬桂林郡，海南及南路一帶屬象郡，廣東省大部屬南海郡。南海郡治在番禺（今廣州）。

南嶺（又名五嶺）橫亙在粵北和湖南、江西兩省之間，最高峰海拔為一千九百〇二公尺。它把嶺南與中原分隔開來，所以在中國歷史上，兩廣又稱為嶺表和嶺外。古代陸路交通不發達，崇山峻嶺像一道

天然屏障，影響了廣東經濟文化與中原的交流發展，直到唐代，嶺南
還被看做化外之區、瘴癘之鄉，是被朝廷貶逐的官員流放之地。唐代
開元年間一個廣東籍的宰相張九齡，主持開鑿了南嶺山脈的大庾嶺山
道，才使嶺南和中原的交流逐漸頻繁起來。古代嶺南開發較中原為
晚，農耕文化自然比較落伍；但它又因為邊沿化而得以較為自主和自
由地生長，因而形成了十分獨特的、與嶺北差別較大的區域文化。

　　我們在研究嶺南文化的時候，總是首先要界定它的區域特徵，把
它和其它區域文化的差異顯示出來。嶺南文化的特徵，不同時代自有
不同的表現，而不同人群從不同的角度以不同的思路和表達方式分別
進行了多樣性的歸納和說明。筆者對古代嶺南文化研究不多，現只就
近代嶺南文化的特徵談一點個人的看法。嶺南文化的成分比較複雜多
樣，是一種多元雜交和共生的文化。從源流方面來說，主要的成分有
來自中國北方中原地區和荊楚地區的中華傳統文化、來自東南亞地區
的南洋文化、來自西方歐美國家的西洋文化和嶺南原本固有的土著文
化。如果以嶺南人的民係進行分類，也可以把嶺南文化的成份分為廣
府文化、潮汕文化和客家文化。以生產方式分類，又可以分為農耕文
化、工業文化和商業文化。最具嶺南文化特點的文化成分是商業文
化，還有其它區域沒有或少有的華僑文化與港澳文化。

　　商業文化是嶺南文化的一個十分重要的成分，值得特別注意。它
對嶺南文化的個性起著主要作用，是形成嶺南文化和中原文化差異的
重要因素。嶺南向來重商，早在漢代，廣東的徐聞和廣西的合浦這兩
個最靠海的市鎮是中國南方重要的港口。唐代，廣州崛起成為全國最
大的外貿港口；宋代，廣州更成為世界著名港口之一；明清兩代更不
用說，按梁啟超的說法，在世界地圖上看廣東，廣東是「世界交通之
第一等孔道」。由於鴉片戰爭前廣州一口通商的特殊原因，廣州外貿
發達，是當時中國和東亞地區的一個最大的商埠，所謂「商賈輻輳，

海船雲集」，以致中國南方各省有幾百萬居民依靠廣州這個市場為
生。到辛亥革命時期，廣州商業已形成一百多個行業，當時廣州大多
數報紙的背景是「商辦」，反映商人的利益、要求和心態，商業文化
的發展達到一個高峰，對社會的影響很深廣。

華僑文化在嶺南近代文化中的地位和作用主要在中外文化交流方
面。中國文化與東南亞、歐美國家的交流融合從來都是一種雙向交流
運動，而作為民間交流載體的就是華僑，華僑對祖國的貢獻是巨大
的，華僑文化是流動的、活潑的文化。

港澳文化是嶺南近代文化中最具特色的部分，在港澳兩地，中西
文化相結合的方式和結果是很特殊的、很有創意的，對嶺南腹地的輻
射和影響也是不可忽視的。

有了商業文化、華僑文化和港澳文化三種特色成份的近代嶺南文
化，其個性風格自然傾向於趨新、求實和靈敏多變。筆者在一九九一
年廣東學術界舉行的「嶺南近代文化特點研討會」上提出，可以用四
個字來形容，就是「新」、「實」「活」、「變」[1]。

「新」就是趨新和創新，樂於接受新事物，勇於創造新文化，表
現出一種先驅文化的特質。嶺南人得風氣之先也開風氣之先，成為先
驅者和開拓者，創造了很多全國第一，由於求新而領先於人。

「實」就是注重實效與實利，不尚空談。有益的東西積極吸取，
為己所用；有害的堅決抵制，毫不含糊。對外來人口和事物採取開放
相容的態度，也是務實的表現。封閉與開放、排斥與相容，在嶺南歷
史上都曾經發生過，但嶺南人最終明白了封閉是不智的，該開放時要
開放，該相容時就相容，也就是實事求是，不為條條框框所囿，以最
大價值為依歸。

1　華苕：〈嶺南近代文化特點研討會綜述〉，《廣東社會科學》1991年第5期。

　　「活」就是生動活潑，反映迅速與靈敏，富有活力。所謂「不拘一格、不定一尊、不守一隅」，嶺南文派、詩派、畫派，廣東戲劇、音樂、建築、貨品和食品等都散發出一種生猛鮮活的靈氣。

　　「變」就是不停滯、不固守，應變能力強，變化發展，與時俱進。在近代中西文化的衝撞、交匯和融合中，嶺南人不斷揚棄、變革與重構，顯示出一種進取的態勢，從而使嶺南文化具有鮮明的時代內容和時代特徵。

　　嶺南文化是個性鮮明的區域文化，與其它地域文化相比，它的個性顯然是相對突出的。原因之一是它的本土文化非常獨特，方言、婚姻、葬喪、節令、飲食、居住等習俗因其怪異而被中原人視為蠻風夷俗，但換一個角度，又可把其視為合理和高明的生活方式；原因之二是它大量吸收、融合了異域文化，特別是南洋和西洋的文化；原因之三是作為華夏正宗的中原文化，在嶺南傳播時也發生了不同時代的流變，在表現方式上更有自己的面目。

三　嶺南文化與中原文化

　　嶺南文化既然是屬於大中華文化系統的一種區域文化，那麼它與中原文化之間的關係便是十分密切的，可以說是母體與子體的關係。當我留意別人如何總結嶺南文化的個性特點時，往往會發現一個有趣的現象：他們所總結出來的特點並不是嶺南所特有，而是整個中華文化所共有的，比如，家族本位性、經驗直觀性、動態發展性，還有傳承性、包容性、創新性，等等。這說明，嶺南文化與中原文化在基本內涵上有不少相同之處，嶺南承傳了中原文化，也就是中國的傳統文化。

　　中原文化對嶺南的影響是長久而深入的。秦統一中國，在嶺南推

行中原行政建制;漢初趙佗在嶺南建立南越國,也與漢朝建制相同,中原的王朝政治及其文化的觸角伸入嶺南。漢武帝平定南越後,兩漢時期南下蒼梧聚集西江流域的學者不遺餘力地宣教中原文化,而嶺南人則熱心學習中原文化。廣信人陳欽、陳元父子治左氏春秋之學,成為嶺南經學的開山。中原先進的生產技術也改造了嶺南土著越族的刀耕火種和水耕火耨。唐代大詩人韓愈被流放到嶺南,先貶為陽山縣令,再貶為潮州刺史,所到之地受到人們長久的崇拜。文天祥、包拯等中華精神道德的楷模也在嶺南留下了巨大的影響。南宋和南明的流亡政權來到嶺南,帶來了成熟的典章制度和禮儀文化,以及大量文化素質很高的移民。屈大均在《廣東新語》中說:「今粵人大抵中國種,自秦漢以來,日滋月盛,不失中州清淑之氣。」就是說嶺南受到來自中原移民的「流風遺韻」、「衣冠習氣」之薰陶沾染,民風「庶幾中州」矣。可以這麼說,從歷史的承傳來看,嶺南文化屬於大中華系統,它與中原文化的共性有時甚至比它們之間的差異還大。雖然嶺南偏於中國南方一隅,但歷代都有中原文化的精英進入嶺南地區傳播中原文化,為嶺南文化的發展提供了養料,提升了嶺南文化的品位。宋明兩代更是中原文化大舉南下並成為嶺南文化的主宰時代。

　　嶺南上層文化人宗經入仕,也引領著嶺南的學術、教育和文學向中原地區靠攏。近代嶺南的學術文化在兩廣總督阮元創辦廣東最高學府——學海堂的主導下,從空疏轉向切實,出了一批在全國有影響的學者,他們在經學、教育以及大型叢書的出版等方面取得的學術成就,使得嶺南人士以秉承中華學術正統而深感自豪。張之洞在一八八四至一八八九年間出任兩廣總督時,創辦廣雅書院,以讀經史、習修辭為主要學習內容,造就經世致用之才;又創辦廣雅書局,大量刻印經史類古籍,使中華文化典籍在嶺南學界廣為流佈。張之洞高舉「中學為體,西學為用」大旗,以示中華學術的正宗地位不可動搖,嶺南

學術的代表人物如張九齡、陳白沙、湛若水、梁廷枏、張維屏、陳澧、朱次琦、康有為等，無不以他們在經學中的地位自重。參與科舉考試，進身仕途，進入中原文化圈，成為讀書人追求的目標。在他們那裏，嶺南文化與中原文化是分不開的，所謂「嶺學」，不過是嶺南人研究經學的歷史和成就。

嶺南的俗文化也受到中原文化的影響。嶺南的三大民係廣府人、潮州人、客家人都認為自己是中原漢人的血統。自從陳澧作《廣州音說》，力證粵方言最接近隋唐古音後，客家人也不甘落後，紛紛撰文證明客家話根源自中原古音，潮州人則奉韓愈為文化之祖。這些都表明，嶺南文化與中原文化同源、同根、同類，是大中華系統的文化。

近代新型知識分子雖然受到西方文化的影響，力主文化自由主義，但出於民族統一的歷史責任，他們希望建立起一種超地域、超階層的中國文化，以共同的文化背景、文化取向和文化內涵把全國人民團結起來，振興中華。在這樣的歷史背景之下，嶺南人更加視中原文化為自己的文化主體，嶺南人對中原文化的認同和向化加強了中華民族的凝聚力，其積極意義已經超乎文化之上。

四　嶺南文化與西方文化

嶺南自古便與海外進行文化交流，但西方文化大規模輸入嶺南並與嶺南文化進行初步融合是從近代才開始的。在兩次鴉片戰爭時期，認識世界成為嶺南人經世致用之學的重要課題。他們在抵抗西方殖民侵略的鬥爭中，逐漸發現了西方文化的優長之處，提出「師夷長技」，提出引進西學，使嶺南文化得到新的營養而推陳出新、轉型和發展。香港、澳門的割讓和租借，也使它們成了西方文化進入嶺南的基地。西方的經濟思想、教育制度、政治法律制度等，已經通過港澳

展示在嶺南人的面前。嶺南學子也比中國其它地區的知識分子更多、更早地邁出國門，走向世界。西方先進文化對嶺南文化走向近代化產生過積極的推動作用。與西方文化接觸最早、最多的嶺南人，進行了西方文化的介紹引進和中西文化結合最初步的、持續的實踐。

鴉片戰爭時期，嶺南學者梁廷枏於一八四六年寫成了堪稱當時國內品質最好的世界史地著作《海國四說》，包括了美國史、英國史、與清朝有朝貢關係的從海道入貢的國家關係史和耶穌教傳道史，開創了中國人編寫外國史的先例。他最早向中國人介紹了蒸汽機的工作原理，準確地解釋了美國的聯邦制和美國的民主制度，是中國開眼看世界的先驅。

太平天國時期，洪仁玕根據他在香港居住所獲得的西學知識，著成主張全面發展資本主義的《資政新篇》，一方面在思想上宣告了歷代農民革命指導思想——傳統平均主義的沒落；一方面成為中國即將興起的近代化思潮的先聲。

洋務運動時期，王韜、鄭觀應、何啟等突破洋務派師夷之末的局限，深入探究西人立國之本，大力鼓吹議院制，並融合中國傳統民本思想，宣揚「君民共主」的新觀點，使之成為此後反對封建專制主義的政治改革主張的生長點。

戊戌維新時期，康有為從中西文化的結合中獲得新的世界觀，並進而用西學革新孔子學說，形成一整套變法的理論和主張，對中國出現第一次近代思想解放潮流起了重大作用。

辛亥革命時期，孫中山融合中西文化，從宏觀的視野對世界潮流予以深刻的理解和闡述，又從中國的視角對如何走自己的路進行了理性的思考，創立了作為資產階級革命綱領和理論體系的三民主義，致力於中國問題的「真解決」。

五四運動時期，留日歸國青年楊匏安一九一九年在《廣東中華新

報》上連續多天發表了《社會主義》、《馬克思主義：一種科學社會主義》等文章，最早較為系統地介紹了馬克思主義的三個組成部分，高度評介馬克思主義是西歐各種社會主義流派中最科學、最光輝的學說。他與李大釗並稱為中國南北兩大宣傳馬克思主義的重鎮，預示著資產階級民主主義在中國進步潮流中的主導地位行將被更先進的思潮所取代。

先驅者們艱辛而卓越的努力，終於打破了中華古代文化停滯落後的僵局，使新的思想文化源源不斷地湧現成為不可改易的現實。綜觀中國近代思想文化史，在幾個最重要時期新思想文化的主要代表人物大都出在嶺南，這與嶺南人善於吸收融合西方先進文化是分不開的，這是嶺南文化在近代能有超越於內陸文化發展的根本原因，也是嶺南文化更新進步的重要因素。

世界性的文化交流和融合是人類進步所必需的，也是時代發展的大趨勢，嶺南人主動地走向世界，吸取人類文明的先進成果，加快了自己前進的步伐，有利於嶺南文化的更新和進步。

五　嶺南文化的精神和價值

區域文化是生長於斯地的人類為適應其生存的環境和條件而創造的生活方式之總和，對於本區域的人來說，文化也是他們從祖祖輩輩的先人那裏繼承下來的對自然和社會的認識和相應的行為方式。文化是隨著時間而變化的，不同的時代有不同的特點、傾向和時尚，思想觀念和行事習慣亦可能大不相同，甚至相反。任何一種成熟的文化都不是單純的，在它內部包含著矛盾與差異、理性與非理性、封閉與開放、排拒與吸收、保守與激進、尚武與崇文等，這些觀念和行為既是對立的，又是互相滲透的，共存於一張大網之中。在嶺南文化這個

大網裏，找尋對我們今天還具有重要價值的優秀因素，可能就是研究嶺南文化的目的和意義吧。那麼，嶺南文化的價值和優長表現在哪裏呢？

我認為可以歸納為以下四點，即競爭精神、包容胸懷、創造能力和務實品格。

（一）競爭精神

梁啟超在二十世紀開端的時候說：「競爭為進化之母，此義殆既成鐵案矣。」當時，封建專制統治在各個領域內造成缺乏競爭以及競爭形式不發達的狀況阻礙著中國的發展，梁啟超從西方理論和經驗中吸取「競爭是社會進步的必要條件」的思想，代表了嶺南知識界打破傳統的勇氣。其實，在生存競爭激烈的時代裏，特別是受到外部力量的壓迫，中華民族處於存亡危急之秋，十分需要競爭精神。鄭觀應面對西方資本主義經濟擴張，第一個發出了「商戰救國」的口號，不畏強梁，「與外人商戰」，是又一個例子。從古到今，在每個時期進入嶺南的移民們，當他們來到一個全新的生存環境從零開始，為了尋找新的活路，為了開創美好的未來，就必須拋棄依賴思想，自立自強，敢於拼搏，因此競爭意識空前強烈。有競爭，社會能快速進步，嶺南人也就活得更精彩。

（二）包容胸懷

嶺南自古是商業發達之區，與海外的交流兩千年來基本不絕，對外來文化自然包容了很多。佛教、伊斯蘭教在東吳時期傳入，天主教和新教在明清時期傳入，鴉片戰爭前西方文化和中國文化在澳門地區共生共存三百多年，交織著多姿多彩的歐洲和亞洲的風土人情。近代嶺南人在抵抗西方殖民侵略的同時，理智地向對手學習先進科技和

政治制度，對有益的東西不拘一格地兼收並蓄，是包容心理的典型
體現。

　　嶺南歷史上有過幾次大規模的移民潮，兩晉時期、兩宋時期、明
末清初，都有大批嶺北人民南遷避亂。他們來自不同地域，具有不同
的觀念和習俗，如果互相之間沒有包容的雅量和胸襟，如何能和平地
共存於同一個地方？所以，嶺南文化的包容性就在不斷地接納移民的
過程中逐漸產生出來。直到今天，從全國各地來到嶺南參與建設的外
來人員，談到他們對廣東這個地方的感受，最強烈的一點就是說它的
包容性比其它地方更強。不論什麼人，只要有真本事，就不難在嶺南
找到適合自己的生活空間，也容易有出頭之日。對外來者一視同仁，
提供的發展機會較多，有這樣一種寬鬆的環境，能夠吸引眾多人才前
來施展身手。有容乃大。有了包容的胸懷，才有文化的豐富、多元、
博大與和諧。

（三）創造能力

　　人的創造能力如何才能發揮出來？首先要思想解放；其次是尊重
個性、發展個性。嶺南處於中國南部邊沿地區，遠離皇權中心，受到
的思想束縛相對較少，行動自由度較大，嶺南人富於冒險精神和自主
意識，喜歡自行其是。從北方遷徙到嶺南的移民，在性格上必然具有
冒險因素和開創的勇氣。特別在十九至二十世紀間，中國正處於社會
和文化轉型時期，嶺南人的創造能力得到適時的發揮。

　　洪秀全吸收基督教義，結合中國儒家倫理，創造出一種新的宗
教——拜上帝教，發動了一場以創建人間天國為理想、席卷中國的農
民起義。康有為把西方進化論與儒家公羊三世說融合，構建自己的歷
史進化論，宣導變法維新。他撰寫的《大同書》，對一切封建主義的
壓迫和束縛進行無情的批判，將大同之世設計為人人平等、自由、獨

立的新型社會，充滿了想像力和創造力。孫中山的開拓和創新精神更強，他說：「人類之進化，以不知而行者為必要之門徑也。」雖然反清革命有很多「不知」的前途，但他並不因為「不知」便不去奮鬥。他宣導在中國建立民主共和制度，要做前人沒有做過的事。嶺南人在很多方面都做了「第一個吃螃蟹的人」，茲不一一列舉。在今天改革開放的時代裏，嶺南人又以爭當排頭兵為榮，樂於喝「頭啖湯」。

創造能力是各種能力中最重要的能力，在當今世界經濟一體化的格局中，創造力對振興中華具有決定性意義，最需要繼承和發揚。

（四）務實品格

嶺南人是特別務實的，腳踏實地、注重實幹，講求實效是他們做人做事的原則。舉凡創業有成之人，莫不如此。近代著名實業家出在嶺南的不少，如徐潤、唐廷樞、鄭觀應和莫仕揚等便是實幹典型。他們均出身平民，從低級職務做起，勤奮務實，一步一步地成就了大事業。鄭觀應所著的改革名作《盛世危言》出版後，以其所展示的廣博的西方知識、深刻而敏銳的見解、全面而系統的改革主張、實事求是的精神、直言無隱的勇氣，在中國朝野引起了強烈反響，張之洞譽之為「可以坐而言起而行也」，對中國富強具有理論和實踐雙重作用。

嶺南民風講求實際，不尚空談，多做少說，甚至只做不說，認為以事實說話最有力，務實品格的確非同一般，甚至被今天的人譏為「會生孩子不會起名字」。這個比喻相當生動貼切，亦一針見血地指出了嶺南文化的弱點，即不善於總結經驗，把它提升為理論。什麼時候嶺南人克服了這個缺點，嶺南文化的品位肯定還將會提高一大步。

嶺南近代商品文化的發育

　　商品文化，是嶺南近代文化中的一個勃興和十分重要的組成部分。在中國近代的開端，嶺南文化和中原文化的重要區別之一，就是商人階層及其文化的發育。由於鴉片戰爭前，廣州一口通商的特殊原因，廣州外貿發達，是當時中國和東亞的一個最大的商埠，中國南方各省有幾百萬居民依靠廣州這個市場為生。到辛亥革命前，廣州商業已經形成一百多個行業，一九〇四年成立廣東總商會，當時廣州大多數報紙的背景是「商辦」，反映商人的利益與心態，對社會的影響很廣很深。因此，研究嶺南近代文化不能忽視商品文化，而過去對這方面的研究是很薄弱的，下面擬作一初步探討。

一　近代工商業的興起與商品意識的發展

　　嶺南近代工商業的興起，與十六世紀從歐洲繞過好望角到達印度的新航路的開闢有直接關係。嶺南自古是個商業重鎮，但在十六世紀前，其海外交通局限於南洋和印度洋，最遠達非洲東岸。新航路開闢以後，嶺南與歐洲、美洲開始了往來。這樣，不但貿易範圍擴大了，而且進入了與資本主義世界貿易相聯繫的新階段。

　　十七世紀時，新形式的工業開始在中國、印度及歐洲出現，與舊式手工業並肩發展。中國景德鎮及廣東窯廠、印度的阿麥達巴德的紡織工廠和法國哥白林的掛毯及傢俱工廠，都逐漸改為以分工式生產，採用了工廠的集體生產技術來取代傳統的鄉村作坊形式。同時，更釐定及劃一了部分產品的質素及款式，以便大規模地成批生產。新產品亦接連湧現，它們的設計不再被傳統款式所規限，受外界市場需求所左右。這些商品的設計及改良，標誌著近代商品意識和商品文化開始

產生了。這種商品意識隨著工商業的發展而逐漸形成。

鴉片戰爭後，廣州的市場發生了很大的變化，兩次鴉片戰爭的條約開放了中國沿海關閉著的閘門，外國商品如潮水般湧進中國市場，在無情的優勝劣汰的經濟規律支配之下，洋貨逐漸佔領了廣州的部分市場。嶺南人的商品意識和商品文化也因此進入了一個新的發展階段。

十九世紀六〇至九〇年代，除了洋布、呢絨、煤油的大量進口外，在廣州的大街上，還可以看到許多商店擺滿了各種各樣日常用的外國商品：洋煙、洋糖、牛肉乾、洋釘、洋火、洋傘、洋襪、番梘，還有沙發，等等。這些過去十三行裏洋人的玩意，現在全是為供給中國人消費的。當時英國的商業報告說：

> 「葡萄乾，中國人用來當糖果吃，銷路頗廣。外國藥品，包括五萬多瓶殺蟲藥片，繼續受到歡迎。煉乳的輸入也有顯著增加，當地人覺得它對小孩子有用，並且有時還把它當做果醬來吃。橡皮鞋的輸入受到普遍的歡迎，因為它們是按照中國式樣和中國人的身材製造的。」
>
> 「外國酒也開始流行了，特別是香檳，同糖果、餅乾、沙拉油和罐頭牛乳一起陳列在貨架上。好的葡萄酒和蜜酒可以半價出售，如果這樣辦，並努力推銷，這些商品不久就會有銷路的。」
>
> 「牛肉精和其它肉汁受到歡迎，中國人好設想自己已經衰老，因而喜歡保養自己。他們擁有許多健身的秘藥，藉以恢復耗竭了的體力。看來，由於肉汁價格不高而使他們大為滿意。」
>
> 「現在，在中國的每家商店裏可以看到的另一種商品，就是肥皂，甚至在街頭的小攤子上，你都可以看到價錢較低的肥皂

條。在這裏肥皂應該有廣大市場，因為土貨品質很壞。外國玩
具，特別是機械的，似乎也受到歡迎。玻璃、刀、圖畫、裝飾
品、文具、錶、珠寶、錫器、縫紉機以及無數其它貨物，都有
買主。但是，本地商店陳列的樣品，大部分是劣等的貨色，我
敢說，如果輸入上等貨，是會受到歡迎的。」

「中國人認為外國棉紗最適合於織布，煤油與火柴適於照明與
取火，金屬與顏料適於作坊的需要。」

「在中國官吏和富人中，似乎有一種欣賞外國奢侈品的傾向，
如扶手椅、沙發、彈簧床……」[2]

　　這些由外國人發回本國的商品流通信息，召喚著更多外國商品的
到來。

　　洋貨的氾濫，衝擊著廣東市場，也衝擊著嶺南人的生計、習慣和
觀念。舊有的手工業作坊紛紛衰落和倒閉，失業工人在街頭彷徨，社
會生活也受到了相當的破壞。但是，廣州本來就是個商品經濟比較發
達的城市，市民的應變能力也比較強，外國的東西好，他們便先拿來，
再學習，研究、仿製、創新，摸索著尋找新的出路。所以，一方面大
片作坊在倒閉；另一方面新的工廠、新的產品也在不斷地冒出來。

　　比如，從前中國人取火用的是火石和鐵片，自從火柴進口以後，
它就完全取代了火石和鐵片的地位。特別是瑞典的無磷安全火柴，價
格低廉，每籠售價僅五錢銀子，每包（十盒）才十文錢。這樣的價格
是所有階層的人都買得起的。火柴進口激增，以致英國人感歎，在所
有進口商品中，任何東西都比不上火柴這樣受歡迎。廣東開採火石的

2　姚賢鎬編：《中國近代對外貿易史資料》（第二冊）（北京市：中華書局，1962年），
　　頁1095。

礦坑完全停閉了，打火石、火鐮等手工製造業歸於消滅。在這種情況下，轉軌生產火柴是惟一的出路。一八七九年，從日本歸國的廣東華僑衛省軒在佛山文昌沙開設了廣東第一間火柴廠──巧明火柴廠。以後，火柴廠越辦越多，第一次世界大戰後，火柴進口大大減少，國產火柴有了發展的機會。一九二〇年，廣州的火柴廠增至二十一家，並積極引進當時比較先進的日本機械、技術和原料，使品質大為提高，很快開闢了廣東、廣西、湖南、湖北、江西、貴州、福建、雲南等中國南部各省的市場，還開始打入國際市場，並出口到南洋群島、越南、檀香山、菲律賓、泰國等地。

　　仿製洋貨是嶺南人對外來衝擊做出的迅速反應，也是他們吸收外來先進技術的重要途徑。除火柴外，新興的仿製業還有很多，比如，歐洲的洋傘，由於其輕便耐用，幾乎完全代替了中國紙傘。廣東在十九世紀七〇年代就大量地仿製歐洲洋傘並運往其它口岸和內地出售。其仿製之精，連外國人也感歎說，除了絲傘傘面比較厚重外，與洋傘幾無區別，至於布傘，傘面已經做到與洋傘毫無區別。廣東仿製的煤油燈、鏡子和自鳴鐘等也很出色。可以認為，十九世紀八〇年代煤油進口的增加，應部分歸功於廣東製造的煤油燈價格的低廉，而外國進口的鏡子，也不能與廣東製造的「帶畫的鏡子」競爭，後者在沿海市場上的銷量已壓倒洋鏡。外國人還驚歎：中國匠人製造著大量的木鍾和銅鐘，以致把鍾的進口減少到微不足道的地步。由於廣東出現了許多模仿各種最複雜的洋貨的行業，所以內地人往往看到任何一件外國製造品時，立刻就會說：「那是廣貨！」

　　廣東的製造業，除仿製洋貨外，還有加工洋貨的，如用洋紗織布、洋布加染等等。

　　從廣東製造業的發展，可以看出嶺南人注重實際、善於學習和心靈手巧的特點，對外來衝擊的反應採取了積極、靈敏、寬容以及富於

進取的態度，這是嶺南文化健康發展的原因。廣東的商業，隨著外貿的開放，也逐漸走向世界。據統計，鴉片戰爭剛結束時，廣州的外國商行才二十來家，到七〇年代，已超過兩百家。但僅僅通過外商並不能完成商品流通的全過程，洋行必須與中國商人和中國商業機構打交道，於是不少華商也捲入了這種外貿活動，有的人甚至跳過洋行這個環節，直接向外國廠商訂貨或直接向外國市場推銷中國土特產。於是，由中國人自己經營的、與世界資本主義相聯繫的近代新式商業便誕生了。時間在十九世紀五〇至六〇年代以及八〇至九〇年代得到了初步的發展，到了二十世紀一〇至二〇年代更進一步發展並漸趨繁榮。據統計，一九〇九年，廣州城區已有店鋪兩萬七千五百二十四家，廣州商業內部的行業已有一百餘行，廣州附近的一些城鎮商業也日益繁榮，如佛山的商業已有七十二行之稱。廣州和佛山還發展成為嶺南地區外向型手工業中心和商業中心。

一些過去沒有的行業在十九世紀末二十世紀初陸續誕生了。如當時廣州已有洋莊絲行（經營機制絲出口）、燕梳行（保險業）、輪渡行（蒸汽船內河航運）、礦商公會、金山莊（經營美洲進出口）等行業。南海、佛山、江門、順德等地也出現中國人經營的新式銀行、百貨公司、房地產公司、西式酒樓、新式藥店等。一些商人採用了從外國學來的方法經營自己的商業，不少商號還能較熟練地運用商業廣告的手段進行宣傳，從而擴大了營業額。

面向世界的商業，要求知識素質較高的商人。據一外國人評論：「（廣州）商人性質之活潑、知識之靈敏、營業心之堅忍、商工業之熟練，實於支那人別開生面者。」[3]可見，嶺南人商品意識的發展，已居於全中國的前列，令外國人刮目相看。

---

3 劉聖宜、王燕軍：《抵抗與吸收》（廣州市：廣州文化出版社，1989年），頁153。

二 嶺南近代商品文化的特點

（一）帶有濃烈商戰色彩的多變性

中國既參與了國際市場，就要學會在其中游泳的本領。珠江三角洲一帶的製造業，為了求得產品在市場上的銷路，常常在產品設計方面採取多變性的策略，以適應不同地區、不同時代、不同消費者的需求。這種商戰策略，使得嶺南商業文化表現出多變性的特點。

十八世紀，歐洲工業化步伐加速，歐洲價廉物美的產品大量湧進世界市場，使亞洲變成了歐洲工業品的傾銷地。嶺南工商業為了在困境中找尋一條出路，在自身科學技術比較落後的情況下，採取了適應性的產品設計、「勞工密集」型的生產形式以及產品以外銷為主這三條策略作為應變措施。這三大經濟策略的實施，終於使珠江三角洲一帶剛剛崛起的微薄工業得以生存下去。

三大策略中的「適應性的產品設計」屬於商品文化的範疇，從中可以看出嶺南商品文化的多變性。

中國的瓷器是最具中國特色的商品，宋朝以來中國窯場已大量生產款式劃一的瓷器，外銷東南亞各國。為了迎合日新月異的世界市場，十八世紀從廣州出口的中國瓷器，在裝飾圖案中滲入了阿拉伯以至拉丁或英國的色彩，但仍保留中國的風味及特徵。有的外銷瓷器，採取了非中國式的形制及裝飾，在設計上摹仿東南亞的「軍持」、日本的「伊萬里瓷」和荷蘭的咖啡壺等，還不惜完全拋開了傳統的風格，但這仍然是很不夠的。

在十九世紀中葉，英國的世界藝術權威作家如弗格森、歐文‧鍾斯等認為，中國的商品完全沒有裝飾設計，這當然是從西方的概念來談的，他們批評說，透過各式各類入口英國的工業商品，中國的裝飾

風格已為世界所熟悉⋯⋯中國人在這方面可以說完全缺乏想像力，而他們的工藝成品，亦因而難以達至藝術的最高境界。

為了追趕世界潮流，也為了改變外銷品的包裝設計，二十世紀初，嶺南一些公司設立了設計室或廣告製作部。當時「設計」這一外來名詞，已被廣泛運用在廣告、市場推廣、產品款式、時裝、家私和室內裝飾及展覽製作等方面。例如，香港的永安公司，它的設計部對商品陳列、廣告和文具等設計便有專人負責。一九〇五年成立的化妝品公司廣生行亦有獨立部門負責設計及生產該公司特有的各樣化妝品玻璃瓶。該公司還有石印部，負責印製各類小冊子、標籤及廣告海報。康元制罐廠原設於上海，一九三四年遷至香港，它的設計部門聘用了五位曾在上海受訓的設計師。

中國美術家加盟商業界的新鮮事也出現了。

如畫家關作霖，一八四五年在香港創立了一間專營外銷畫的畫室──「啉呱畫室」，請了一批畫匠在室內分工繪製油畫出口，在外國人中名聲甚噪。後來，關氏家族一直承襲和發展了商業創作的形式，並分別向攝影、石版印刷、海報設計及廣告設計等各方面發展，把繪畫藝術與商業緊緊地結合在一起。其後人關蕙農在一九二〇年因製作宣傳商品的月份牌而著名，被時人稱為「月份牌王」。其後，又湧現出一批在商界甚為活躍的美術家，如海報畫家麥少石、專長於廣告設計的黃風洲、擅於藥物包裝設計的尹笛雲、以壁畫見稱的潘峭風及商標設計專家歐少傑等。在這些文化人的推動下，嶺南商品文化又有了進一步的發展。

十九世紀後期至二〇世紀初，嶺南的工業不斷擴展，商品亦趨向多元化，新的工廠有羽毛飾物廠、火柴廠、肥皂廠、煤球廠、藤器製造廠、榨糖廠和水泥廠及紡紗廠等，而商品的設計更趨於多樣化。一九〇六年，香港舉行了第一屆工業藝術展覽會，為產品作宣傳，這個

向外界展示香港製造業實力的展覽使外國人讚歎不已，認為它「表現了居港的中國手工藝者的藝術氣質」。

二十世紀初，以法國市場為主的茶葉，其商標紙的設計充滿了「新藝術」風格。其它產品的設計，也大量借用外國意象。這一類的宣傳畫和包裝盒封面比比皆是。抗戰期間，不少上海公司在香港開設分廠，又由上海傳入了現代的設計風格，而產品的設計也有所改變，因為需要迎合東南亞、中東及非洲新客戶的口味。由於嶺南的商品設計日新月異，所以其商品的競爭力也一直不減，當西方國家的工業品大量輸入的時候，珠江三角洲的貿易與製造業仍能維持和發展。靈活多變的商品文化便是這樣在商戰中形成的。

（二）面向世界的適應性

近代嶺南對外貿易比較發達，工業品又以外銷為主，商品文化便表現出對世界文化的認同和適應。

首先，外商不斷地輸入外國的新產品，在廣東的市場上出售，使得嶺南人比內地的人更有機會及時地學習到外國的新東西，對世界商品設計潮流的信息瞭解較快。另外，有的外國商人定購中國貨物時，指定貨物的品質、款式及價格，要求按樣定制。這樣，嶺南人在生產和設計外銷產品時，常常要適應外國商人的要求。嶺南商品文化的適應性便產生了。

一七六三年，荷蘭人把他們設計的唾壺的圖樣帶到廣州，要求廠家按圖樣進行大量生產，然後返運歐洲出售。荷蘭唾壺肚子又大又圓，頸部收得很細，頂部像花朵一樣翻開，造型美觀，具有很強的裝飾性，仿製以後銷路不錯，所以兩百多年來，唾壺的造型一直沿用下來。

二十世紀初，嶺南在海外的市場不斷擴大，也得力於設計師們的設計迎合了各種地區的人不同的口味。據歷史悠久的香港星光實業公

司的營業經驗，他們塑膠製品的顏色偏於鮮紅、藍及黃，非常鮮豔，原因是為了迎合亞洲、中東及非洲客戶的需要，這些地區的消費者不接受當時歐洲的所謂品味較高的棕色和奶白色。該公司雖曾試圖改變他們的口味，但結果並不成功。

另外一個叫日升製造廠的有限公司，自一九三〇年便開始生產各類手電筒，並創立了設計部，他們改良產品的款式，但其非洲及亞洲的客戶，對任何款式的輕微改變都不接受，結果該公司最早期的產品被視為傑作，備受推崇，從來不需要任何的改良。相反，該公司銷往歐洲的產品，款式卻需要經常改變，才能刺激銷路。

二十世紀中葉，美國成為香港商品的主要市場，而商品的設計大部分都由客戶提供，為了迎合美國人的口味，部分設計師放棄了自己的個人風格和創意，改循西方風格，而成為成功人士。但香港早期的現代設計風格便逐漸淹沒，而老一輩的設計師也因無用武之地而銷聲匿跡。同時，過於依賴外國客戶提供的設計，而被動地迎合消費者的口味，令很多年輕的設計師慣於依樣畫葫蘆式地抄襲，很難有機會發揮他們的才華。而香港的設計水準，亦因而日益下降。

可見，商品文化的這種適應性，一方面，使得嶺南文化有不斷引進吸收、不斷學習、不斷進步的優點；但另一方面，模仿與抄襲畢竟是低層次的文化，而且為適應別人，常常會失去自我。商品文化的缺點，在這裏表現得至為明顯。

（三）融匯中外的創新性

嶺南商品文化在珠江三角洲經歷了幾百年的孕育和變化，風格獨特的製造品和極具個性的商品設計也不時出現，而且表現出一種善於融匯中外優秀文化的創新性。

引進外來文化是創新的第一步，嶺南人在引進的同時便開始了中

外結合的嘗試。近代中國外銷畫名家關作霖，曾拜英國名畫家錢納利為師，學習西洋畫技，作品在英國展出，頗為英人所重。十九世紀中葉，他在廣州開設了一間外銷畫製作室——「啉呱畫室」，高三層，並雇了一些畫師，分工繪製油畫，臨摹照片，專門製作銷往外國的中國風景、人物畫。這種外銷畫用西畫的寫實手法描繪中國的山水風景人物，使中外藝術融為一體，深受中外人士的歡迎，開創了把中國畫從抽象寫意技法推向寫實的第一步，啉呱畫室的畫被外國人購去了不少。

十九世紀後期，嶺南的商業設計，特別是平面設計更出現了將中國多種多樣的傳統風格與西方的現代意象相融合的作品。設計師的創作靈感一部分來源於中國的經典教材《芥子園畫譜》，色彩鮮豔的廣東年畫，筆觸細膩的嶺南派花鳥畫；另一部分則來源於西洋的裝飾圖案，現代「新藝術」以及東洋日本的海報、月份牌等。

十九世紀，歐洲維多利亞時代的廣告畫頗有特色，喜歡以美女和玫瑰花為主題，而這種意境很快被嶺南畫師所採用。他們也把沉思中的少女和花卉用於自己的作品中，又加進了若干中國味，創造出一種新的設計來。我們可以看到一幀典型的西方推銷藥物的廣告，以憂傷的調子出現，構圖由鮮花和美女組成，給人一種溫馨感。這種生活化的設計很快被嶺南商界所引用：一家嶺南餅店的年歷海報畫了一個中國時裝美女倚柱而立，手裏拿著一枝玫瑰花，神情閒適；一家綢緞莊印製的服裝盒，封面也用了同樣的設計。著名的化妝品公司廣生行的「雙妹嘜」牌商標，畫的是兩個身穿旗袍、長褲的中國女子，撐著洋傘，在鋪滿鮮花的園中散步。據說廣生行的創始人馮福田因在中區看到兩個天使顯靈，便製造了這個商標。這種把中國人的面孔服裝與西方人的情調相結合的創意，在當時成了一股潮流。

在商品的造型和用途方面，嶺南人也時有創新。二十世紀嶺南製

造的鋁質水煲，配有膠木把手，是一種用現代原料製作的新型日用品，其造型設計，部分取材於中國傳統的陶瓷茶壺形狀，部分則取材於日本式的鐵水煲，可說是一種中日合璧、各取所長的工藝品。

一些西方的新產品，不太符合亞洲人的需要，也被嶺南的設計師們加以改裝，成為西方技術與中式設計相結合的新產品。如美國的「波士」牌火油煮食爐，由香港合眾五金廠設計部重新設計，把原本放在煮食爐旁的火油容器改裝於兩個爐頭之間，使兩個爐頭間的距離增大，可以安放較為闊大的中式鐵鍋。由於適應了亞洲人的生活習慣，產品改裝後非常暢銷。

又如塑膠製品，是引進西方技術進行生產的，但其產品卻常常借用東方產品的造型，以使洋貨為我所用。

中國傳統手工藝品銷往國外，也同樣需要改造和創新，迎合外國人的欣賞習慣。比如，中國的象牙雕刻，傳統的圖案是龍、鳳、船等，而嶺南的牙雕銷往國外的，往往刻進了西洋的樓房、樹木和花卉。

嶺南人在商品上的創作才能，使一些西方的製造商不得不承認，中國的文化傳統對近代設計貢獻重大。

三　商品文化在嶺南文化中的地位和作用

商品文化是嶺南文化大系統中一個突出和重要的成分，特別在近代，其存在和發展，對於整個嶺南文化特徵的形成起著主導作用。

如上所述，嶺南近代商品文化具有多變性、適應性和融匯中外的創新性。這些性質，是使嶺南近代文化有別於其它區域文化的顯著標誌。

多變性是由商品經濟發展的規律所派生的，與中國傳統農業經濟所衍生的保守、穩定和停滯不前適成對比。多變性使嶺南文化有一種

不斷學習、進取的精神和更新、發展的活力，使嶺南文化有一種動態的美。

在市場經濟中為了不被別人消滅或淘汰，嶺南人在商場中注重實效與實力，不尚空談，養成了「惟實」之風；同時，又勇於接受新事物，打破傳統束縛，追趕新潮流，形成了「求新」、「求活」和「求變」的心態。這些商品意識直接作用於嶺南人的文化氛圍，於是以「新」、「實」、「活」、「變」為四大特徵的近代嶺南文化便逐漸誕生了。嶺南文化的這些特點，使它在中國從古代社會過渡到近代社會的轉折中，表現出一種先驅文化的屬性。

適應性是從商業競爭社會裏適者生存的規律所派生的，與中國自給自足的自然經濟所派生的獨立自主卻又驕傲自大適成對比。近代以來，中國落後於西方的客觀現實環境下產生的對西方文化的適應，使嶺南文化具有了競爭之世的時代特點。由於關注世界，大量地學習與引進外國文化，與世界文化產生了多方面的交流，形成了嶺南文化對外界反映敏捷、吸納快速的優點；又由於追求利潤，不分良莠地兼收並蓄，忽視選擇與消化，產生了嶺南文化急功近利、模仿抄襲和淺薄粗俗的缺點。

融匯中外的創新性是在商品交換的過程裏派生的，是中外文化交流發展到較高階段的產物，與中國古代社會末期的禁錮、排外和仇外心理適成對比。創新性是嶺南文化走向世界、也是世界文化走向嶺南的結果，是嶺南文化在近代中國文化發展中處於領先地位的原因。中西學的交融，是嶺南近代文化的顯著特點。它對於把中國傳統文化發揚光大及實現中國文化的近代化有著十分重大的意義。所以有人說，嶺南是中國近代新文化的生長點。

嶺南近代商品文化的產生和發展，總的來說是處於商品文化發展的初級階段，其特點也是正在形成之中，但它對於嶺南近代文化風格

的形成和影響是不可忽視的。從它的萌芽便可推知它的將來，現在嶺
南商品文化已有了長足的發展，在我們回顧過去的時候，可以更清楚
地看到嶺南商品文化發展的軌跡，這對於我們克服缺點，發揚優點，
創造一個新時代高度發達的商品文化無疑是有意義的，對嶺南文化的
變革、重構與進步也將提供有益的啟示。

嶺南近代對外文化交流的特點

　　嶺南，是中國文化與世界文化最早的交匯區之一。

　　歷代相沿的與外商做生意的傳統習慣，使嶺南成為華夷雜處，聲
氣相通之地。

　　嶺南與海外的交通，以十五世紀歐洲至印度的新航路的發現，分
為前後兩個階段。前一階段，嶺南與海外交往和範圍，主要在東亞、
南亞、西亞，最遠也不過到達非洲東岸；而後一階段，交往範圍擴展
到歐洲、美洲，與西方資本主義國家發生了關係。以下主要談談嶺南
在後一階段對外文化交流的特點。

一　優越的條件和領先的地位

　　一四八七年葡萄牙人第亞士發現好望角，一四九八年葡萄牙人伽
瑪開闢一條從歐洲繞過好望角到達印度的新航路[4]，葡人便於一五一
四年首次來到廣東屯門。從此，西方與中國的交通便以陸路為主（穿
過中亞細亞高原地帶）發展為以海路為主。

4　參見齊思和等編著：《中外歷史年表》（北京市：生活・讀書・新知三聯書店，1958
　　年），頁597。

　　海路的溝通，使得歐洲與東方的通商比以前便利，比以前安穩，並且比以前的贏利更大，因此兩方面的商業關係一天天地增進，兩方面的文化交流也隨之增多，形成了中國歷史上中西文化交流的又一個高峰。而嶺南，適逢其會，成為中西交通的要衝。特殊的地理位置，使嶺南人在中外文化交流中扮演了先鋒的角色，處於前所未有的重要地位。明清政府對嶺南的特殊政策，也促使嶺南在對外文化交流中處於一種比內地有利的位置。

　　澳門是嶺南的前沿，明清時期隸屬廣東香山縣。自從它在一五五三至一五五七年間租給了葡萄牙商人居住後，一直沒有對外封閉過。明末發生過驅逐天主教士的事件，但只是把他們逐到澳門了事。清朝繼續了明朝的做法，保留了澳門作為外國商人的居留地。澳門是西方文化在中國的展覽地，外國人在澳門辦報紙雜誌，把中國的政治經濟文化情報傳到西方，西方文化通過澳門如涓涓細流進入嶺南，中西文化在澳門共生共存。

　　清初實行閉關鎖國政策，但廣州對外封閉的時期，是最為短暫的。

　　一七五七至一八四二年，是全國僅廣州一口對海外通商時期，清政府實行嚴厲的閉關鎖國政策，封閉了廣州以外的其它通商口岸。這種做法使中國與外部世界的聯繫基本斷絕，但廣州處於獨口通商的地位，不但與外部世界的聯繫沒有中斷，而且由於所有中外貿易均集中在廣州，反而使得廣州對外經濟文化交流有所擴大和發展，廣州成了當時中國的一塊特殊的土地。以廣州為中心，嶺南地區的外向型經濟不斷發展，對外文化的交流亦不可遏止。

　　地域和政策上的優勢，使嶺南在中國近代對外文化交流中起到了先鋒的作用。

　　從十六世紀開始，處於中西文化交流前沿的嶺南，其對於西方文化吸收的先行性與開放性等特點已經顯露出來。

　　它是第一個來中國的西洋教士首先進入之地，聖方濟・沙勿略於
一五五二年到達廣東上川島。它是第一本中文天主教義的出版之地，
一五八四年羅明堅撰寫的《天主實錄》在肇慶印出。第一個中國信徒
是一五八三年利瑪竇在肇慶招收的。它是第一批西洋先進器物在中國
的陳列之地，一五八二年羅明堅、利瑪竇兩人在肇慶陳列了西方的自
鳴鐘、地圖、天象儀器和三棱鏡等。它也是西方的軍事、醫學、建
築、樂器和繪畫及製造品最早出現之地。一五二一年廣東官員就仿製
了西方武器新式火銃，三年後南京正式鑄造西洋兵器時，工匠和銃法
都從廣東借去。西醫醫院最早在澳門建立，一五六九年澳門主教迦納
羅設立聖加劃醫院，一五六九年又成立辣匣祿麻瘋院和聖拉費爾醫
院。中國最早的西式建築是一五五八至一五六九年間在澳門建築的教
堂，西式民居最早也在澳門出現。西洋樂器隨西方傳教士最早帶入澳
門，澳門教堂最早有風樂，風琴。鐘錶是西洋自動機械中的奇器，在
中國當時，的上層人士中流行，而廣東自從一五八二年傳教士羅明堅
送給廣東制臺陳文峰一臺有車輪的大自鳴鐘後，廣東人便首先仿製。
當時，修鍾和造鍾都以廣東最早，「廣鍾」在全國的知名度很高。中
國文化的西傳，也多由在廣東寓居多年的西洋教士介紹出去，傳教士
馬若瑟於一七二八年在廣州寫成《中文札記》，是西方學者研究中國
文字學的著作，對中國語文的優美領悟極深。歐洲第一部中醫著作是
由廣州一個不知名的法國人寄出，並於一六七一年在格萊諾布林出
版。第一部被譯為西方文字的中國小說《好逑傳》的最早譯本，是一
七一九年由一個在廣東居住過多年的英國商人魏金森譯出的。[5]這是
一八四〇年以前的事情。

　　一八四〇年鴉片戰爭後，中國的大門被西方侵略者強行打開，中

5　參見沈福偉：《中西文化交流史》（上海市：上海人民出版社，1985年），頁439-453。

國被迫開放了「五口」，並放鬆了對外國人活動的限制。從此，西方文化大規模地輸入嶺南，並與嶺南文化進行初步融合。嶺南不僅在各種文化領域（如歷史地理、軍事技術、宗教語言、文化設施、教育科技、新聞出版等）繼續率先與外國進行了交流，而且湧現出一批新的文化人。他們對中西文化進行了最早的比較、對照、吸收和融合的嘗試，對中國社會進步產生了很大的影響。

可以說，嶺南在一八四〇年以後，其對外文化交流也進入了一個劃時代的新階段。不僅是地域交流上達到一個新階段，而且在交流程度上也達到一個新階段。古代與近代的文化交流，其不同點首先是交流的範圍從東南亞、非洲東岸擴大到了歐洲、美洲；其次是交流的內容從封建時代文化轉入資本主義時代文化；再次是交流的結果從同化別人到被人局部同化。近代中國在對待外來文化的態度上，也發生了巨大的轉折，從敵視、抗拒、被動吸收到關注、歡迎、主動學習，以外來文化改造中國文化。在這個新階段，嶺南無疑是最先進和最有代表性的地區之一，它是近代中國對外文化交流的一個縮影。

下面試對一八四〇年後嶺南對外文化交流的特點作一概括。

二　文化交流的內容和特點

嶺南近代對文化交流與內地相比、與嶺南古代相比，都有不同的地方。

（一）近代中外（特別是中西）文化交流，是在特殊的歷史條件下進行的

西方資本主義的殖民侵略與文化東傳同時進行，且不可分割地糾結在一起。嶺南由於處在對外戰爭的前沿，文化交流和文化衝突構成

了一對難以調和的矛盾，這對矛盾給近代嶺南對外文化交流造成了很大的負面影響。

西方資本主義經濟的發展，要求向海外擴張，西方文化以積極主動的姿態闖入中國，而中國自然經濟的特點和執政者的國防觀念卻在拒絕西方文化的輸入。西方國家發動了侵華戰爭，用武力打開了中國封閉著的大門，為西方文化進入中國開出了一條通道。但是，西方文化伴隨著大炮、鴉片和不平等條約而來，違反了中國人的意願，亦給西方文化在中國的傳播造成困難。非和平、非平等的交往，使早期嶺南的中西文化交流蒙上了一層厚厚的陰影。

廣州，是中國近代開放最早的城市，對外文化交流既有傳統也有基礎，廣州人民一向對遠道而來貿易的外國商人，甚至傳教士都懷有友好的感情。但英國的鴉片和大炮把這一切都改變了，鴉片煙的流毒和戰爭的災難最先落到了廣州民眾的頭上，他們比廣大內地人民更早地感覺到古老中國遇到了極大的危機，鴉片戰爭後十多年中，由廣東士紳發起和領導了反對外國人進入廣州城的鬥爭，以及反對外國人進入潮州城的風潮。這些鬥爭具有保衛家園的意義，但也因此而產生了副作用，這便是嶺南社會領導文化潮流的士紳們普遍拒絕接受西方文化的心理以及西方人士撤離城市後形成的空白，直接造成廣東對外貿易的低落和中外文化交流的遲滯。鴉片戰爭後二三十年間，嶺南除了在林則徐督粵時期有過比內地領先的「開眼看世界」熱潮和香港在割讓給英國後成了西方文化東漸的根據地之外，其它地區隨後則進入了相對緩慢發展時期。十九世紀六〇年代開始，奕訢、文祥、曾國藩、李鴻章大辦洋務，引進外國先進的軍事技術與科學文化，使中國中部的京師、天津和東部的上海、南京成了中西文化交流的重鎮。大量的西方書籍被翻譯過來，新式學校也在不斷地創辦。一八六二年在北京設同文館，一八六六年在同文館中添設「算學館」，講授自然科學，

成了中國新式教育的開端。一八六七年上海江南製造總局設館譯書，到一八八〇年止，出版了外國圖書九十八種，銷售了三萬多部，還有已譯成而未出版的書四十五種，這在當時來說數量是不少的。繼同文館和江南製造總局之後的譯書機構，有北京強學會和上海強學分會。而嶺南在這方面就顯得落後了，以致追求西學的康有為要到上海買書，並用幾個大箱子把它們裝運回廣東。

如何看待侵略者與其文化的關係，是近代嶺南人的一個重大現實課題。

（二）中外文化的交流是在中外學者合作之下得以迅速推進的

中國文化與西方文化是兩個完全不同的系統，外國文化人謀求與中國學者的合作，成為當時中外文化交流的特點。這一做法以嶺南人首開其端。

廣東高明人梁發之所以著名，不僅因為他是中國最早的基督新教教徒，更因為他的傳教經歷和效果。梁發協助英國傳教士馬禮遜和米憐翻譯和印刷聖經，從而皈依了基督教，他以匿名方式寫了大量的傳教書文，成為馬禮遜翻譯《聖經》的普及本，而他寫的《勸世良言》成了洪秀全的啟蒙讀物，直接引發了拜上帝教的產生。

廣東候補道潘仕成在鴉片戰爭中深感英國輪船的先進，決心學習製造，他對英軍的軍艦進行了細緻的研究後，設計、製造了一艘西式戰艦，這是我國最早建造的能夠安裝舷側炮的新式戰艦。潘仕成還與美國軍官壬雷斯合作，研製水雷。他們吸收了歐美的新技術，利用中國的原材料，研製成功一種新式的水雷。這種新式水雷在當時是一種頗具殺傷力的武器。

一八五一年，英國醫生合信在廣州撰寫西醫專著《全體新論》，

就請了中國醫生、南海人陳修堂相助。一八六三年，香港英華書院院長、英國傳教士理雅各在翻譯中國經典的過程中，深感自己對中國文化的根底淺薄，便邀請了到香港避禍的王韜襄助他完成《中國經典》這一宏大的翻譯工程，並終於在一八八五年成功地譯出了《十三經》，對中國文化的西傳貢獻甚大。

嶺南學者的這種國際性文化合作，對文化交流起了促進作用。後來，這種合作為上海江南製造總局所發揚。一八六七年，該館附設譯書館，由英國人傅蘭雅和中國科學家徐壽、華衡芳合作翻譯了大量的西方科技著作，甚至後來居上，走在嶺南的前頭。

（三）「文化共存」思想是嶺南對外文化交流順利開展的心理因素

「文化共存」的思想，是嶺南文化包容性的表現。

在香港，中國文化與西方文化共存共生，有目共睹。羅香林在《香港與中西文化交流》一書中，對香港華人善於保存國粹的「自我存在」與善於學習別人的「共同存在」的雙重性格給予了很高的評價。他認為，嶺南人的獨立性與包容性是中外文化交流中一種良好的心態。

嶺南人對外來文化的吸收，最早打破「體用觀」和「器道觀」，主張中西文化全面交流和融合。早在馮桂芬提出「中體西用」之前，洪仁玕已經提出不分體用地全面吸收西方文化，包括宗教思想、民主思想、經濟思想、教育思想等等。鄭觀應最早認清了西方「治亂之源、富強之本，不盡在船堅炮利，而在議院上下同心，教養得法」。王韜認為，中西之道只有差異，沒有優劣之分，「器」是溝通中西之「道」的契機。康有為、梁啟超、孫中山對中西文化的認識比前人更為客觀、公正，心態也更為健康、積極，他們是善於融合中西文化的

能手。他們經過不斷地探索、反思和爭論，擺脫了非此即彼的絕對化、片面化的思想方法，最早提出中西文化的會通融合的見解並做出了嘗試。

當然，作為一個對外文化交流前沿的區域來說，其內部也是存在差別的。廣東省內和香港、澳門的文化氛圍便有較大的差距，這可能是因為廣東省在清政府的統治之下，而港澳卻在外國人統治之下的緣故吧，清政府對於中國周邊地區的離心傾向是特別敏感的，控制也特別的嚴厲，歷屆粵督都比較保守，除張之洞和岑春煊稍有建樹外，洋務運動在他們手中開展得很慢。廣東大儒們的中華文化優越感和排外心態也不見得比北方士夫們輕，某些文化精英如陳澧、朱次琦等局限於儒家文化的道統之中，沒能開創中外文化交流融合新局面和寫出領導潮流的震聾發聵之作。而積極進行中外文化交流的人物，囿於這種文化控制和封閉的氣氛，不能在廣東省內有所作為。他們的事業發端於嶺南，卻往往結果於外地。例如，洪秀全要到廣西傳教，康有為要到上海買書，孫中山要到檀香山和香港求學，這與廣東省內較為封閉的文化氛圍都有直接的關係。總的來說，嶺南人對包括宗教在內的外來文化持頗為寬容的態度，對西方文化較早地在嶺南地區被吸納有著很大的積極作用。

（四）「西學東漸」在嶺南近代對外文化交流中占很大的比重

嶺南近代對外文化交流，重心是中西文化交流，其中又以西學東漸為主，這是時代的特點。十九世紀中葉以後，中國在國際戰爭中屢戰屢敗，不但使西方人輕視中國，甚至使得中國人也對自己的文化產生懷疑，萌發了向西方學習的念頭。這種思想越來越強烈，到後來從被動、抗拒西方文化到主動、積極學習吸收，尋求救國良方，這樣

「西學東漸」便自然發生，並成為近代中外文化交流的主流。

　　在鴉片戰爭後不久，嶺南地區不同的社會階層和集團從各自的需要出發，對西方文化採取了深淺不同和取向不同的吸納。

　　士大夫和官員當中有一些關心國家民族命運的明白人開始了對西方文化的瞭解和介紹，而且目的相當明確，就是「師夷之長技以制夷」。所以，此時期嶺南人以主動姿態吸取的西方文化，主要是世界歷史地理學和西方先進軍事技術知識。對西方政教稍有涉及，但很膚淺。對於西方的基督教精神文明，則認為「鄙屑不足道」。其中的林則徐、梁廷枏和潘仕成等代表人物，成了「西學東漸」的先驅者。

　　中下層人民中除了一部分附從於官僚士大夫外，另一部分則從自身需要出發，對西方文化採取了開放的態度。他們傳統文化的負荷輕，接受外來文化時，容易跨越心理障礙，特別是對清朝統治懷有不滿的下層群眾，反叛傳統和接受異端的思想使他們對西方文化開始了主動積極的吸取，洪秀全和洪仁玕就是典型的代表。洪秀全對基督教平等觀和天國觀的關注，創立中西合璧的「拜上帝教」，開始了融合中西文化的大膽嘗試；洪仁玕對西方文化的全面肯定和吸收，也推動了中外文化的交流。

　　香港、澳門兩地，因為處於西方殖民政府的統治之下，西方文化可以毫無顧忌地輸入，而中國人也可以自由地加以吸取，對西學的吸納比內地更多，也走得更快、更遠，特別是西方教育、醫學、法律制度、經濟思想的介紹和引進令人注目。值得一提的是，何啟、胡禮垣致力於西方法律、醫學的介紹和推廣；王韜在《循環日報》發表一系列改革言論；鄭觀應寫出了以西方為楷模的改革巨著《盛世危言》；理雅各和王韜合作翻譯了《中國經典》；容閎帶領第一批官費留學生赴美，其中三分之二是在香港、澳門受過初步英語教育的嶺南人；孫中山立下傾覆清廷，創建民國之志。

香港、澳門雖然不屬於中國政府管轄，但人民卻可以在這兩地與內地自由來往，由兩地培養出來的具有西方新知的中國青年，對中西文化交流所起的作用是巨大的。嶺南之所以成為維新和革命領袖輩出之地，與境外先進文化的直接薰陶有很大的關係；另外，嶺南學子也比中國其它地區的知識分子更多、更早地邁出國門，走向世界。

嶺南近代對外文化交流，可以說整個過程是起伏曲折的，交流是逐步深入的。西方文化的輸入和中國文化從嶺南的輸出是同時進行的，是一個雙向的流動。但由於時代的原因，中國落後於西方，以及西方咄咄逼人的攻勢，這個雙向的運動又不是對等的，即西方文化輸入中國較多，而中國文化輸出外國相對較少。西方文化的輸入，經歷了一個西方強迫輸入、中國被迫接受和不時抗拒到中國主動學習引進的過程；西方文化的輸入者也經歷了以傳教士為主體到以中國具有先進思想、代表先進階級的知識分子為主體的過程，中外文化交流的結果，是中國沒有受到西方完全的同化，但也不能排斥西方文化的巨大影響。於是，便產生了不中不西、亦中亦西的新文化，它是中國近代文化的新生形態，儘管這個新生形態是不成熟、不系統和不定型的一種過渡形態，但它為中國文化今後的發展開拓了一條寬廣的道路。

近代風雲變幻與廣州文化的發展

廣州在兩千多年的歷史變遷中，逐步形成了自己的具有鮮明民族性和地域性的文化。「廣府文化」與客家文化、潮汕文化一道，屬於嶺南文化的主脈。進入近代以後，隨著時代的嬗變，古老的廣州文化又發生了巨大的變化。

廣州文化在近代的轉變，是在繼承中國古代文化經世致用的優良傳統的基礎上，吸收、融合西方文化之長處，實現自身的更新和創造

的過程，這個過程與時代的風雲息息相關。深刻而激烈的社會變遷使廣州文化實現了一次飛躍。

一　承上啟下，發揚實學經世傳統

　　廣州文化在近代發生變化的首要原因，是時代提出了新的要求。在內憂外患的危機面前，知識界經世致用的學風重新抬頭，一掃空疏之頹氣。

　　鴉片戰爭後，面對來自西方的威脅，廣州知識界以學術經世的態度積極尋求解決辦法。林則徐在廣州時，出於對外防禦的需要，開始注意收集西方國家的情報，翻譯西方的書刊，打破對西方世界隔絕和無知狀態。他「日使人刺探西事，翻譯西書，又購其新聞紙」。他將譯出的資料，親自審閱修訂，於一八四〇年前後編譯出版了《四洲志》、《華事夷言》、《達滑爾各國律例》等書。《四洲志》概述了世界五大洲三十餘國的地理、歷史，重點為英、美、法、俄諸國情形，是中國近代第一部較有系統地介紹世界史地的譯作，吹開了中國人研究西洋地理歷史的風氣。《華事夷言》則是鴉片戰爭前夕西洋人對中國的時事評論的編譯，大抵摘西人雜誌、報紙中有關中國的議論而成，此書在當時頗為流傳，成為中國人瞭解外國人思想觀念的第一本參考書。《達滑爾各國律例》是對瑞士人達滑爾所著《各國律例》（Law of Nations）的選譯。《澳門新聞紙》是對英國人辦的《廣州周報》和《廣州紀事報》的選譯。林則徐以封疆大吏的身份打破禁區，帶頭留心夷事，關注夷情，甚至還第一個提出「師夷長技」的主張，在繼承傳統經世思想的同時，把經世之學的內容加以擴充，使傳統文化在新的歷史條件下，增添了時代感和開創性。自此之後，過去被士大夫鄙視的「夷務」開始作為一門新的學問，列在經世之學的名下。

經世致用是中國文化，特別是儒家文化的優良傳統，它把學術研究和社會需要緊密結合，治學目的十分明確，研究內容求實求真，研究成果對社會發展影響巨大。經世致用的學風在盛世時隱藏不露，衰世時風起雲湧，雖斷斷續續卻歷久不衰，並成為中國知識界的一種積極的、入世的取向。

梁廷枏是廣東順德人，曾任廣州越華書院監院、粵秀書院監院、學海堂學長、廣東澄海縣訓導等職，一向留心實學。一八三五年，兩廣總督鄧廷楨聘請他任廣東海防書局總纂，主編《廣東海防匯覽》。次年，又聘為《粵海關志》總纂。在編書中，他不但收集了大量鴉片戰爭以前中外貿易的資料，而且還「採集海外舊聞」及各種報章、西人著述，逐漸積纍了不少有關海外的知識，成為當時廣州有名的「外國通」。鴉片戰爭後，在林則徐等人的鼓勵帶動下，梁廷枏開始了史學經世的學術創新，他於一八四四年撰寫的《合省國說》，是中國人寫的第一部美國史。它充分利用了美國傳教士裨治文的《美理哥合省國志》，材料真實可信，知識全面系統，非旅途見聞，更非天方夜譚，當時在國內是品質最好的世界史地專著。他認為，當時中國人稱美國為米利堅，只是洲名的音譯，而不是國家的名稱，米利堅合省國才是這個國家的正式名稱，因為「曰合省國者（亦稱合眾，或稱兼攝邦國、聯邦國、西語為『育奈士迭』），稱其國內所分之地為省，前分後合，從質即以合省名」[6]。第一次向國人解釋清楚了美國聯邦制的性質。他最早向國人介紹了蒸汽機的工作原理，把水如何受熱成汽，推動活塞工作，如何發動並牽引車、船行走，均作了詳細說明。梁廷枏研究成果的領先性到今天歷史學者們都是承認的，他們把這種情況形容為「春江水暖鴨先知」。廣東是對世界文化關注最早的地方。

6　梁廷枏：《合省國說》卷一，1844年刻本，頁12至13。

　　當時開眼看世界的中國人，還大多認為中國落後於西方主要在船
艦、火器方面，「師夷長技」，一般就是指軍事技術。梁廷枬在《海
國四說》中指出，英、美等國強盛的重要原因，「實以貿易為本務，
所入視農工遠甚，統領之所勸獎者固在此。蓋稅之所出，國用攸資
也」[7]。他認為美國的開礦無禁政策、英國的免稅進口農器政策、獎
勵發明創造的法令等對促進和發展生產有積極作用。他稱讚美國的民
主制度，認為「一國之賞罰禁令，咸於民定其議而後擇人以守之」、
「未有統領先有國法」、「統領限年而易」等民主選舉和法制使得美國
統領在任期內能夠「力守其法」、「殫精竭神」，而美國的政治也少有
「貪侈兇暴」的現象。不過他認為，這種民主制度「是必米利堅之地
之時而後可」，並不認為中國可以仿傚。這些文字表明了他對西方世
界認識在深度上已經走在時代的前列，而且對哪些做法好、哪些做法
可為中國仿傚提出了實事求是的意見。

　　在廣州，探索世界知識的活動當然不止林、梁兩人，一些比較開
明的中小官吏、學者、通事、買辦、教會學生、歸國華僑等也都興趣
甚濃。官吏如鄧廷楨、怡良、關天培等，士紳如張維屏、俞正燮、丁
拱辰、鄒伯奇等，有的認真收集、翻譯外國書報、地圖、奇器，有的
自己著書立說，有的再版有關海外情況的舊籍，以探索、瞭解、介紹
世界知識。這些文化活動繼承了歷史上的經世精神，又發展了傳統學
問、更新了知識，承上啟下，為廣州文化變遷開了一個好頭。在兩次
鴉片戰爭時期，認識世界成為廣州人經世致用之學的重要課題。由
此，學術成果也以研究西方軍事技術、世界史地和對外關係等最為
突出。

　　鴉片戰爭後，學者們不斷在傳統學術研究實踐中貫徹強烈的經世

7　梁廷枬：《合省國說》卷三，1844年刻本，頁15。

意識，使學術走出象牙之塔，成為解決重大時務的有利武器。在鴉片戰爭前後再度興起的今文經學，不株守古代典籍的章句文字，而側重探索其微言大義，有其獨特的治學門徑。隨著中國社會危機加重，研究今文經學的人越來越多，而今文經學家攻擊古文經學之風，也日益流行。康有為治今文學，便有學術經世的意圖。他的著述較多，重要的有《王制義證》、《毛詩偽證》、《周禮偽證》、《說文偽證》、《爾雅偽證》、《新學偽經考》、《孟子為公羊學考》、《論語為公羊學考》、《春秋董氏學》、《孔子改制考》等。這一系列著述的中心思想是「發古文經之偽，明今文學之正」。康有為把古文經斥為偽經，認為今文經才是孔子真傳。又說孔子是受命於天、有德無位的素王，孔子創作「六經」，是為了託古改制。他推崇《春秋公羊傳》，把其中所講的三世之別與〈禮運篇〉所講的「大同」、「小康」結合起來形成了他的公羊三世說的歷史進化論，這都是康有為想利用今文經的微言大義進行議政的經世思想使然。雖然，從純學術的角度看，這些論斷不免有牽強武斷之處，但在當時卻大大衝擊了「無一人敢違，無一人敢疑」的古文經典的正統地位，在思想界掀起一陣颶風。保守的學人驚呼：《新學偽經考》使「五經去其四，而《論語》猶在疑信之間，學者幾無可讀之書」。[8]他們紛紛要求朝廷將此書焚毀。特別值得一提的是，康有為的經學研究為其「託古改制」、「君權變法」的政治理想服務，推動了光緒皇帝的「百日維新」，對中國社會進程產生了深遠的影響。康有為可說是把學術經世發揮到了極致。

經世致用之學的核心內容是一個「實」字。治學的目的是為瞭解決各種與國計民生有密切關係的實務，標示著近代廣州文化適應著時代的要求，由空疏向切實轉變的趨向。

---

8 蘇輿：〈朱蓉生答康有為第四書〉，《翼教叢編》卷一，1899年線裝本，頁12。

二　兼收並蓄，學習西方先進文化

　　廣州作為一個有著兩千多年歷史的商城，自然不乏文化開放和相容的風度，雖然有清一代全國大部分地區、相當長的時間是閉關鎖國，但廣州由於一口通商，與外國的交流一直不斷。不過，近代以來的文化交流卻是過去無法比擬的，這也和時勢的變化有關。首先，和平時期的文化交流和戰爭時期非常不同，這不是風度問題，而是生死問題。西方資本主義的文化既是侵略的文化，又是先進的文化，中國人既要抵抗侵略，又要向侵略者學習，這不是一個容易協調的矛盾，期間的敵視、衝突、排拒和鬥爭異常激烈。廣州人經歷了痛苦之後，開始冷靜地思考、理智地選擇和艱難地摸索中國前進的道路，邁開了學習西方文化的步伐。其次，在學習西方的內容上，關注的不再是奇珍異寶等消費性奢侈品，而是先進的生產力和自由民主思想。在學習西方先進文化和融合中西文化的新問題上，廣州人探索的步伐和取得的成就不可小視。

　　咸同年間，因受西方文化的影響，廣州最早出現了異軍突起的一支文化流派，這便是洪秀全的太平天國思想理論。在大多數人還視西方宗教為異端邪說的時候，洪秀全吸收基督教義，結合中國儒家經典義理，創造出一種不中不西、亦中亦西的文化。其代表作是《百正歌》、《原道救世歌》、《原道醒世訓》、《原道覺世訓》、《太平天日》、《天朝田畝制度》等。洪秀全把中國經典裏「公羊三世說」中的「太平世」和基督教《新約‧馬太福音書》裏的「天國」合起來，創造出「太平天國」的新概念和新理想。又用「拜上帝教」教義作為中國農民起義軍的思想信仰、行為準則和價值判斷體系。雖然洪秀全的「中西合璧」、「耶儒合璧」的創造在文化融合上並不成熟，在學術上價值也不高，說不上是成功的例子，但對於引進西方思想觀念，衝擊中國

保守、陳舊、封閉和自大的文化風氣有著積極的意義，是中西文化交流的一個大膽嘗試。

甲午戰爭後，中國知識分子大都認識到學習西方的必要。康有為在戊戌年間倡言變法，他試圖會通中西，融貫新舊，把中國經學的「公羊三世」說同西方的進化論糅合起來，作為變法的理論根據。但限於歷史條件，只能讓孔子穿上進化論和民權論的外衣，用今文經的微言大義去附會天賦人權之說，把伸民權和尊君權的旗幟同時高舉。戊戌變法失敗後，逃亡國外的康梁對西方的認識迅速提高，君主立憲思想和「新民」學說的產生便是中西文化融合的新成果，對中國社會的變革產生了不可忽視的作用。

如果說康有為和梁啟超是屬於從舊式士子向新式知識分子轉變的類型，那麼自從留學歐美、日本的新型知識分子群體出現後，廣州近代中西文化交流便發生了里程碑式的轉折。近代中國學生赴歐美留學的風氣自廣東始，廣東香山人容閎、黃寬和黃勝於一八四七年到美國留學（黃寬後來又轉赴英國）；一八七二至一八七五年由容閎帶領的四批一百二十個公費留美幼童中，有八十四名是廣東人；廣東南海人何啟於一八七二年自費赴英國留學；廣東新會入伍廷芳於一八七四年自費赴英國留學；一八七九年孫中山赴檀香山求學。他們均是中國留學生之先驅。他們在西方社會環境的影響下接受西式教育，逐漸成為知識結構和思想素質與中國傳統士子不同的新型知識分子。他們把西方的先進文化、科學知識和科學精神帶回中國，與中國文化中的優良成分加以融合，因而有了新的發明創造。其中最為傑出的文化成果便是孫中山的三民主義學說。孫中山一八九四年在檀香山組織興中會時，已提出「驅除韃虜，創立合眾政府」的民族主義和民權主義的革命綱領。在一八九六至一八九七年間於倫敦暫居時又利用英國博物院圖書館極為優越的讀書條件，廣泛閱讀西方政治、經濟、外交、法

律、軍事等方面的書籍，美國的經濟學家亨利・喬治和德國傑出學者卡爾・馬克思的學說引起了他極大的注意和興趣，對他的民生主義形成提供了豐富的營養。加上在國外實地考察世界大勢，和中外志士們反覆探討中國的前途，孫中山終於形成了中國文明須「取法於人」，而且要「取法乎上」的觀點，從而在一九〇五年正式提出三民主義學說。三民主義作為中國近代資產階級民主革命的綱領在鼓舞和指導資產階級革命派和廣大人民推翻帝制、建立民國的鬥爭中發揮了巨大的作用。

　　孫中山的三民主義學說，是中國學術進程中的一個劃時代的飛躍，也是廣州近代學術的一個開創性成果，昭示了中西文化交流融合是中國學術進步的巨大推動力量。廣州的學術思想在近代之所以能有超越於內地的發展，實源於此。

三　倡言改革，推動文化領域各門類的創新

　　隨著民族危機的加深，需要越來越多的人投身到救國的行列中來，動員人民的任務催促著文化的大眾化和政治化，文化領域各門類都要適應新的形勢。甲午中日戰爭後，維新變法思潮和運動勃然興起，維新派在鼓吹政治改革的同時，也宣導文學革命，提出「詩界革命」、「文界革命」和「小說界革命」的主張。黃遵憲、梁啟超、丘逢甲等廣東籍維新派成為這場文學革命的首腦。

　　文化的更新，是從文學理念的變革開始的。一八九九年，梁啟超在〈夏威夷遊記〉一文中高呼「詩界革命」的口號，在其後的《飲冰室詩話》中再把「詩界革命」的思想進一步深化和系統化。《飲冰室詩話》近十萬字，是梁啟超在詩歌創作理論方面的一部重要專著，它回顧了戊戌以前維新派提倡詩歌革命的情況，對走過的道路進行了反

思，得出了「過渡時代，必有革命，然革命者，當革其精神，非革其形式」的結論，反對堆積滿紙新名詞為革命的做法，認為「以舊風格含新境界」或「鎔鑄新理想以入舊風格」才是正道。他突出強調了新名詞與新意境的結合。他對當時的三位詩壇健將——譚嗣同、黃遵憲、丘逢甲的詩歌創作進行了熱情的介紹和大力頌揚。

梁啟超也是近代小說理論的開拓者。一八九七年，嚴復和夏曾佑在天津《國聞報》上發表〈本館附印說部緣起〉，正式提出「小說界革命」的口號，一八九八年，梁啟超在日本辦《清議報》，寫了〈譯印政治小說序〉，進一步對小說界革命加以鼓吹，提倡以政治小說轉變國人言論，推進政治變革。他說：「昔歐洲各國變革之始，其魁儒碩學，仁人志士，往往以其身之所經歷，及胸中所懷，政治之議論，一寄之於小說。……往往每一書出，而全國之議論為之一變。彼美英德法澳意日本各國政界之日進，則政治小說，為功最高焉。」[9]一九〇二年，他又在《新小說》創刊號上發表〈論小說與群治之關係〉一文，對小說的社會作用作了完整的論述。他認為，一般中國人的「狀元宰相之思想」、「佳人才子之思想」、「江湖盜賊之思想」、「妖巫狐鬼之思想」大都從舊小說得來，所以小說要進行革命，要棄舊圖新。新小說應給人以理想，給人以知識，從而振刷國民精神，提升國民道德。他說：「欲新一國之民，不可不先新一國之小說。故欲新道德，必新小說；欲新宗教，必新小說；欲新政治，必新小說；欲新風俗，必新小說；欲新學藝，必新小說；乃至欲新人心，欲新人格，必新小說。何以故？小說有不可思議之力支配人道故。」[10]提出以小說來開

9　梁啟超：《譯印政治小說序》，《飲冰室合集・文集》之二（北京市：中華書局，1989年），頁34-35。

10　梁啟超：《論小說與群治之關係》，《飲冰室合集・文集》之十（北京市：中華書局，1989年），頁6-10。

通民智，改造社會。

　　在〈夏威夷遊記〉中，梁啟超還正式提出了「文界革命」的口號。所謂「文界革命」，其實就是要把散文從桐城派古文的禁錮下解放出來，自由地寫作。改革的內容，一是提倡語文合一，二是革新內容，反對空洞無物。這個革命成為「五‧四」後白話文運動的先驅。近代的散文，以陳述時務、議論政事為主題的時務文和政論文取得了最大的成就。為適應社會政治劇變和現實鬥爭的需要，它打破了古文艱深的文體風格，以一種自由奔放、通俗易懂的姿態登上了文學的殿堂。

　　在文學革命理念的指導下，文學改革實踐無論是詩文還是小說的創作都出現了新氣象。這一時期廣州的詩文創作，以康有為、梁啟超、鄭觀應和丘逢甲為代表，小說創作以吳趼人、黃世仲和蘇曼殊為代表。他們的作品打破了傳統的格局，在思想性和藝術性兩方面都取得了重大收穫。

　　梁啟超在宣導文學革命的同時，又舉起了史界革命的旗幟。他從批判君主專制制度和挽救中國危亡的需要出發宣導革新史學，他撰寫的〈新史學〉、〈中國歷史研究法〉、〈中國歷史研究法補編〉、〈論中國學術思想變遷之大勢〉等文章，引進西方進步史學觀點，與中國史學的優良傳統相結合，構建了自己的史學理論體系。他批判中國舊史學的出發點和目的，是為帝王服務而不是為國民服務，提出變寫「君史」為寫「民史」、「敘述一國國民系統之所由來，及其發達進步盛衰興亡的之原因結果為主」，從而促進人民的國家意識，振興民族主義。梁啟超在一九二〇年退出政壇後，全力從事學術研究和教學，撰寫了一系列的經史研究論著，在社會史、學術思想史、文化史等方面的成就尤為可觀，成為中國近代著名史學家，是一位努力實現從傳統史學向近代史學轉變的拓荒者。

在二十世紀初，繪畫的革命也出現在廣州地區。畫家們吸收西洋畫法，對國畫進行大膽改革，被後人稱為「嶺南畫派」。其創始人為廣東番禺的高劍父、高奇峰和陳樹人。他們主張吸取古今中外尤其是西方繪畫藝術之長以改造傳統國畫，使之朝著現代化、大眾化的方向發展。「折衷中外、融合古今」是其改革的方向，藝術革命是其靈魂，通過藝術美的陶冶以改造國魂是其目的。在新舊交替的歷史時期，它代表了前進的藝術思潮，以旺盛的創造力和藝術實踐在中國近代畫壇上獨樹一幟。

文藝的革命，使文藝的社會功用由教化和消閒擴大到擔負起救國的責任。

四　跨越時空，追趕世界潮流

廣州文化除了求實的一面外，也有富於想像力的一面，現實主義和浪漫主義相結合，是近代廣州文化的又一個顯著的特點，這與艱苦的鬥爭需要理想的支撐有關。近代中國是苦難的深淵，廣州進步的思想家們在生存極度艱難的時候，懷抱著對未來美好社會的憧憬和追求，這使文化充滿了鼓舞人向上的力量。這種追求不是向後看和向內看的，而是向前看和向外看的，甚至是超越了時代和地域限制，追隨著世界前進的潮流的。表現最為突出的是康有為的《大同書》、孫中山的民生主義、劉思復（又名「師復」）的無政府共產主義。這三種思想都和當時世界上的新思潮——社會主義思潮有直接的關係，中國自古以來的大同理想融入了世界人類的共同語言之中。

康有為的《大同書》在批判封建專制主義的同時，指出了資本主義文明的局限性，真誠地希望人類社會能夠消滅國家、階級和私有制，達到自由、平等和博愛的理想境界。他主張在大同社會裏，一切

財產公有，不允許私人資本主義存在，而且公有制是建立在大機器生產和生產力高度發展的基礎上。對於這個人類最完美的社會的原則，康有為並不打算馬上拿來實行，他知道不可能一蹴而就。《大同書》雖然是一個幻想，但對美好社會的設計和響往，卻是人類進步的不懈動力，所以有著積極的意義。

孫中山的民生主義直接來源於歐美的社會主義思潮，孫中山經常用「集產社會主義」和「國家社會主義」來表達控制私人資本過度膨脹的意向，並多次把民生主義解釋為社會主義，雖然孫中山的民生主義不是科學社會主義，帶有國家資本主義的性質，但也是對資本主義弊病的批判，是一種更合理的社會制度。孫中山和康有為不同，他的民生主義是可以實行的，為了實現這個理想，他著手解決「土地」和「資本」的問題，他希望建設一個良好政府，借助國家的力量實現這個理想。孫中山的革命事業失敗了，他的理想也落了空，但他關於用社會主義原則和方法解決當時社會問題的主張，對指導中國向更高階段前進具有重要意義。

民國初年，廣州還出現了引人注目的新學說——「師復主義」，這是以中國國內無政府主義派別的領導人師復的名字命名的一個學說。一九一二年五月，師復在廣州西關創立「晦鳴學舍」，出版《晦鳴錄》周刊，提倡在中國實行無政府主義。他又在廣州首創工會組織，從事工人運動。「師復主義」是克魯泡特金學說在中國的翻版，以個人的絕對自由為整個理論體系的基礎，以建設一個無政府的共產主義社會為奮鬥目標。主張立即消滅強權，消滅資本制度，實行世界大革命。師復認為，無政府共產主義社會是人類最理想的社會，在這個社會裏，「各人完全自由，無復一切治人之強權……」無首領、無官吏、無代表、無家長、無軍隊、無監獄、無員警、無裁判所、無法律」，人們可以自由組織「公會」，「亦無章程規則以限制個人自由」，

「無所謂義務與制裁」。[11]這種學說在理論上是空想,在現實中也是行不通的,但它較早在中國傳播了歐美興起並流行的社會主義思潮,讓中國人大體上知道了社會主義和共產主義這樣一種西方學說,對國人瞭解世界潮流有促進作用,是科學社會主義和共產主義學說傳入中國的橋樑,對中國近代思想界產生了相當的影響。「師復主義」的出現,說明民國後廣州在引進西方最新思想學說方面,仍走在全國前列。

綜上所述,近代的廣州文化在民族危機和社會危機的刺激下,在時代風雲激蕩中,繼承和發揚了中國傳統的經世致用學風,吸收了外來先進文化,開始了文化革新和進步的過程。開創性、新穎性、革命性、過渡性和理想主義是廣州近代文化的特點。廣州的文化依時代的演進而不斷更新,並以新面貌不斷給予時代以新的作用。

近代廣州風習民情演變的若干態勢

風俗習慣的變遷是社會變革的一個組成部分,它與政治、經濟、文化的變動密切相關,也和它們一樣,是構成社會整體變革的重要表徵。風俗習慣的變化可以反映出社會變動的深淺、利弊及民眾對改革的接受程度,因而是值得考察和研究的課題。

近代中國社會的變化之大,人所共見。而城市的變化又比農村來得更快更烈。筆者試以廣州及其附近地區為視點,說明廣東風俗習慣的變化以及民眾心理和社會意識的發展歷程。

近代廣州社會風習民情的演變,主要受三個方面的影響:一是西風東漸對民眾生活的影響;二是政治變革對人際關係的影響;三是商業發展和社會動盪對傳統道德習俗的衝擊。風習民情的變化有趨於善

---

11 師復:〈無政府共產黨之目的與手段〉,載《民聲》19號。

和惡兩個方面，有文明進步和野蠻落後兩個方向，反映了中國近代社會複雜多樣的發展態勢；而掙脫封建思想意識的枷鎖，釋放人性欲望，追求平等自由，是一條鮮明的主線。

一　西風東漸對民眾生活與觀念的影響

鴉片戰爭後，西方商品（包含科技）和宗教（包含教育、醫術、慈善事業）最先對民眾生活和心理產生重大影響。

隨著對外貿易的擴大，各種西方商品輸入廣東，並以其物美價廉贏得了人們的喜愛。十九世紀六〇年代以後，洋貨逐漸充斥了廣州的市場。據粵海關十年報告稱：「在廣州貿易區最受歡迎的布料依次是白色洋布、本色洋布、洋標布和擦光印花布。在當地的消費品中，毛巾開始普遍使用。據說大宗布料被廣泛用來做內衣。擦光印花布現在大量從日本進口到廣州，似乎已完全取代了德國的產品，越來越多的廣州人穿起了棉汗衫和洋式短襪，特別是那些手藝工人。毛織品在亞熱帶地區並不受歡迎，但有趣的是，毛線現在被本地人大量用來紮辮子，使這種商品的進口穩步增長。」[12]除洋布、呢絨這些穿的東西外，吃的有洋酒、洋糖、牛肉乾、牛奶、麵粉等，用的有煤油、肥皂、火柴、洋釘、洋傘、鐘錶，甚至還有沙發、扶手椅、彈簧床……二十世紀初，西方傳來的電影在都市中已經普及，成為市民娛樂中不可缺少的一個新品種。西式照相術也大受歡迎，照相留影成為廣州人一項時髦的消遣，西方舶來品改變了廣州人的生活習俗，使用洋貨成為時尚的潮流。在廣州這個通商口岸，買辦較多，他們是最早接受西方生活方式的一批人，說洋話、用洋貨、住洋房、信洋教，取一個洋

---

12 張富強、樂正等譯編：《廣州現代化歷程——〈粵海關十年報告（1982-1941年）〉》（廣州市：廣州出版社，1993年），頁9。

名字，送孩子上洋學堂。由於他們比較富有，對社會價值取向有一定
的影響力，西方的生活方式漸成人們羨慕的對象，人們在互贈禮品時
也把洋貨作為稀罕的贈品。習俗的改變對觀念的改變有直接的關係，
人們在接觸西洋器物時改變了對西方蠻夷的看法，從驚奇、讚賞到羨
慕、模仿與學習，社會心態從仇洋轉向崇洋。

　　鴉片戰爭後，西方宗教在廣東的傳播並不順利。《中法條約》規
定歸還天主教教產和容許傳教士任便租地，致使法國天主教橫行霸
道，激起廣東人民的反教鬥爭。反教運動帶有濃厚的民族主義色彩。
義和團運動後，一方面中國仇教勢力受到壓抑；另一方面教會也因義
和團事件而進行了反省，教會本色化呼聲日益強烈，與民眾矛盾較為
緩和。中華民國成立後，民國政府表示對各宗教一視同仁，在多種因
素作用下，基督教獲得快速發展。廣東省在一九〇三至一九一九年中
大約有四十三個差會在傳教，廣州有二十多個差會。全省差會總堂數
目有一百二十七處，居全國各省首位。傳教事業最興旺的地區是珠江
三角洲地帶及人口眾多村落稠密的地區，幾乎每個鎮都有教堂，以教
堂為中心向附近鄉村派遣中國布道員，積極傳道。不少地區中基督教
的勢力及思想影響幾乎達到無孔不入的地步。全省有外國傳教士七百
三十人，僅次於江蘇省，其百分之十從事醫務工作，男女醫生人數多
於其它各省，竟等於皖、浙、豫、湘、鄂、甘、贛、黔、晉、陝、滇
諸省之和。這七百三十個外國傳教士分駐於七十二城，駐在廣州、香
港、汕頭者占百分之四十四。全省受餐信徒一九一九年總數已達六萬
多人。基督教在廣東的受餐信徒比皖、甘、贛、桂、黔、晉、陝、
川、滇諸省信徒之總和還多。約有一半居住在廣州及其四周並南部三
角洲之近一百英里地區內。[13]

　　信仰基督教的廣東人，除了一部分是吃教者外，不少是由於對西方文明的羨慕、嚮往而入教的。比如，太平天國的領導人洪仁玕認為，從世界的範圍來看，基督教新教是西方強國的意識形態，凡是信仰新教的國家，其國力必強。洪仁玕並沒有對基督教與西方國家富強的關係進行理論上的研究，只是從歸納法上直覺地感知基督教與西方文明有著不可分割的聯繫。他把基督教列為西方文明之「上寶」，並企圖吸收利用它來改造和提高中國人的道德修養和精神面貌，移風易俗。又比如，中國近代民主革命的先行者孫中山，由於從小接受西方文化教育，也把基督教看做西方文明進步的基礎而加以推崇。他在香港西醫書院讀書時，經常研究耶穌精神與革命的關係，孫中山認為耶穌之理想為捨己救人，革命之理想為捨己救國，其犧牲小我，力謀大眾福利之精神，原屬一致。一九二四年孫中山在〈勉中國基督教青年〉一文中說，基督教傳入中國，「既開闢中國之風氣，啟發人民之感覺，使吾人卒能脫異族專制之羈厄」，希望基督教青年會「擔負約西亞之責任，以救此四萬萬人民出水火之中而登衽席之上」。[14]孫中山從基督教中吸取了革命精神和獻身精神。由於基督教包容有樸素的人道主義因素和拯世救民實現天下大同的思想，對於生活在清政府的黑暗統治下的人民，特別是處於社會下層的人們容易接受基督教的影響。據馮自由統計，興中會成立前，直接參與孫中山密謀反清者有十五個，其中半數以上是基督教徒或天主教徒。而早期興中會會員和一八九五年廣州起義的領導人多為基督教徒。[15]除此之外，一些有功名的儒生也加入教會。如一八六六年出生於廣東香山縣的鍾榮光，中過舉人，參加過戊戌維新運動，一八九八年，他因吸食鴉片成癮，求助

14　孫中山：〈勉中國基督教青年〉，《孫中山全集》第十一卷（北京市：中華書局，1986年），頁537。
15　馮自由：《革命逸史》第二集（北京市：中華書局，1981年），頁11。

於教會醫院想改掉這一習慣，從此他皈依了基督教，後來成為廣東第一所基督教大學——嶺南大學的第一任華人校長。

上教堂做禮拜成了廣東一道新景觀，西方的思想和生活方式泉湧而進。傳教士積極發展教育和慈善事業，吸收女子進入中小學堂讀書，鼓勵禁煙和組織天足會反對女子纏足。基督教青年會的年輕人感興趣地進行著文娛體育、社交聚會和討論發言等活動，教會學校的學生日益滋長著關注社會、服務社會的熱情。基督教的救世精神對青年的影響不可忽視。香港西醫書院教師康德黎在一九一二年撰著《孫逸仙與新中國》一書，其中提到就讀該院的中國學生在一八九四年香港大瘟疫中的勇敢表現：「學生們無不自告奮勇地輪值效勞……瘟疫的恐怖橫於前，許多親友染疫而死或奄奄一息，居民逃出疫市，這些學生們竟然輪值履行書記、換衣、看護諸職務……輪值者一經病者接觸，九死一生……這些學生們的工作，表明中國境內有人具有負責任的高尚的勇氣與熱忱。」[16]

但是，西方宗教與中國傳統文化之間的衝突、侵略與被侵略的民族之間的矛盾和二十世紀二○至三○年代興起的科學主義和馬克思主義思潮，都制約著基督教在廣東的發展，並使一些曾信仰基督教的人開始與其疏離。廣東人對西方科技、醫術和教育的興趣遠大於宗教，「中華歸主」只是傳教士的一個夢想而已。

近代城市的人們還忙碌於謀生與享樂，對宗教的興趣日漸淡薄，也是基督教未能征服　中國的一個原因。

---

16 康德黎：〈孫逸仙與新中國〉引自羅香林：《香港與中西文化之交流》（香港：中國學社，1962年），頁162。

二　政治變革對人際關係的影響

　　具有民族平等和民主自由思想的政治變革對社會生活的影響是巨大的，在清末維新運動影響下，男子髮式、女子纏足、跪拜禮節和尊卑稱謂等習俗已經開始動搖，辛亥革命後，改正朔，易服制，廢除跪拜，剪辮放腳，是由政府命令推行的，對移風易俗起到了加速作用。等級倫理關係受到民主平等思想的衝擊，在人際關係上發生了令人矚目的變化。

　　男子剃髮蓄辮，是清初統治者強迫推行的髮式，是民族征服的象徵。反清人士一直不予奉行。隨著西風東漸，蓄辮髮式又為西人恥笑。一八九八年，康有為以舊習俗不適應新時代為由，上書光緒帝，提出效法西方國家，斷髮易服：「今物質修明，尤重機器，辮髮長垂，行動擺舞，誤纏機器，可以立死。今為機器之世，多機器則強，少機器則弱，辮髮與機器，不相容也。且兵爭之世，執戈跨馬，辮尤不便。其勢不能不去之……斷髮之俗，萬國同風矣。」[17]他的這個主張成為國內力主剪辮的先聲。不久，留日學生將剪辮的風氣帶回國內，廣東也出現了仿傚者。清末的軍制改革也是促成剪辮成為風氣的一個因素。因練兵處要仿照外國軍制改造軍隊服裝，而官兵蓄髮則無法著裝，出於軍事上的需要，練兵處對業已流行到軍隊的剪辮風氣聽之任之。一九一○年十月，在北京資政院第一屆常會上，「剪除辮髮改良禮服」的議案獲得通過，消息傳出，各地剪辮者不少。廣州也成立了推行剪辮的組織。「粵商何樂琴發起華服剪髮會，伍於簪、譚教五、蘇堯臣等應之，贊成者已有多人，訂會章 20 條」。該會決定於一

---

17 康有為：〈請斷髮易服改元折〉，載《中國近代史資料叢刊‧戊戌變法》第二冊（上海市：神州國光社，1953年），頁263-264。

九一〇年十二月三十一日為全體會員剪辮日。[18]武昌起義後，人們對
於蓄辮這個民族恥辱的標記，更為唾棄。廣州光復當天，「無論老弱
少壯之男子以及士農工商兵，罔不爭先恐後，紛紛將天然鎖鏈剪去，
是日岸堤一帶之剪辮店，自朝到暮，擠擁非常。操此業者。幾至食亦
無暇……統計是日剪辮者，盡有二十餘萬人」。[19]剪辮風氣很快波及城
鎮和鄉村。

清朝的社交禮節也體現著森嚴的等級制度。清末，在維新思潮推
動下，一些開明的官員在自己的轄地內主動改革官場禮節，主要內容
為廢除跪拜和禁用「卑職」等稱呼。這個改革的最先發起者是兩廣總
督岑春煊。一九〇六年一月二十四日，是舊曆除夕，他對下屬宣佈從
次年正月起，廣東、廣西兩省官員在下級進見上級時不再跪拜，一律
改用「長揖」。辛亥革命後，廣州軍政要人在社交中已普遍採用了握
手、舉手、鞠躬、鼓掌等現代禮儀。一九一一年年底，廣州新軍收復
香山後移駐廣州西關，在諮議局舉行的歡迎大會上，「胡（漢民）都督
親出歡迎，與各軍官握手為禮，當眾演說，掌聲如雷。次由香軍代表
譚民三庚續發言，眾復鼓掌……胡都督偕秘書局多人出至隊前環行一
周，舉手為禮」[20]。民國成立後，政府規定用鞠躬代替以往的舊禮儀。
一九一七年，在廣州東園舉行的各界慶祝元旦大會上，全部都使用了
鞠躬禮：「是日所行禮節如下：（甲）新年團拜之秩序：一、先向國旗
行禮三鞠躬；二、各界向督軍省長行禮一鞠躬；三、督軍省長向各界
答禮一鞠躬；四、各界相互行禮一鞠躬；五、禮畢照相……」[21]社交
禮節的改變，顯示了從尊卑有序的等級觀念到平等自由觀念的轉變。

---

18 〈粵省提倡華服剪髮會〉，載《大公報》1910年11月12日。

19 〈廣東獨立記〉，載《近代史資料》1961年第1號，頁456。

20 〈歡迎香軍紀盛〉，載《申報》1911年11月22日。

21 〈廣東陽曆新年之團拜〉，載《申報》1917年1月9日。

　　中國婦女的地位，在近代進入了一個轉折時期，從男尊女卑向男女平等的方向轉變。這個轉變是以清末的反對纏足、興辦女學和婦女參政等女權運動開始的。

　　一八八二年，康有為路經上海時大購西書，並閱《萬國公報》，深受啟發。一八八三年回鄉後，極思成立不纏足會。但在他的家鄉南海縣，保守勢力十分強大，以一人之力實難抵擋，所以他與鄰鄉友人、一個曾經遊歷美洲的士紳區諤良，商議共創「不裹足會」。然而，由於當時風氣閉塞，此會議而未成。一八九六年，廣東順德縣出現了最早的不纏足會──龍山戒纏足會。此會由賴弼彤和陳默庵發起，一呼百應，入會者達數百人。[22]風氣由是頓開，多有以女子大足為合宜者。一八九七年，在廣州附近一下子出現了九個不纏足會，它們是：香山不纏足會、陳村戒纏足會、赤花戒纏足會、順德戒纏足會、佗城不纏足會、佛山不纏足會、大良不纏足會、南海不纏足會和澳門不纏足會。[23]它們在報刊上登啟示和文章，指出纏足陋習違情背理以及天足對於強國保種的特殊意義，動員人們入會，又編印不纏足歌謠，向下層群眾進行宣傳。為解決放足女子的婚姻問題，提倡在會員內部實行子女通婚，向會員散發「草籍」，以利入會者互相婚配。廣州成為不纏足運動最活躍的地區。

　　與不纏足運動同時興起的，是興辦女學。甲午戰爭前後，維新思想高漲，興女學成為中國改革的一個內容。清末興女學的理由，主要從三個方面提出：

　　（1）廣開民智，強國強種。梁啟超說：「女學最盛者，其國最強。不戰而屈人之兵，美（國）是也。女學次盛者，其國次強。英德

22　梁啟超：〈戒纏足會敘〉，載《時務報》第16冊。

23　參見《知新報》第19、20、22、27、29、30、36、102冊。

法日本是也。女學衰,母教失,無業眾,智民少,國之所存者幸矣,印度波斯土耳其是也。」[24]認為女子居國民之半,若不受教育,則國民智力,必為未受教育者牽制。

(2)女子應與男子一樣有受教育的權利,教育是女子解放的前提。鄭觀應批評中國女子被剝奪了受教育的權利是不人道的:「人生不幸作女子身,更不幸而為中國之女子。」[25]報紙輿論也鼓吹「必使婦人各得其自有之權」。

(3)開發生產力,發展經濟。女子占人口一半,如能開發婦女的才智,使女子發揮與男子一樣的社會作用,定會對經濟有促進作用。這些理由使不少家長轉變觀念,願意送自己的女兒上學堂。

據史料記載,廣州人開辦的最早的女子學校是一九〇一年由張竹君創辦的育賢女學;其次為一九〇三年由劉佩箴、杜清持創辦的廣東女學堂,此校後改名為私立坤維女學堂。一九〇七年,清學部頒佈《女子師範學堂章程》和《女子小學章程》,把女子教育正式列入了學制。明確了女子教育的法律地位,開始有了官辦女子學校。民國初年,女學發展很快,在推廣男女同校、開辦女子高等小學、女子師範學校、女子半夜學校等方面,廣州都走在全國前列。嶺南大學是中國第一所實行男女同校的大學,一九一八年,嶺南大學開始招收女生,到一九二〇年女生計有中學三年級十一人,大學預科十二人,大學一年級兩人,大學二年級三人。[26]女子教育的興起是中國兩千多年來教

24 梁啟超:〈變法通議・論女學〉,收錄於《飲冰室合集・文集》之一(北京市:中華書局,1989年),頁37。

25 鄭觀應:〈盛世危言・女教〉,收錄於《鄭觀應集》上冊(上海市:上海人民出版社,1982年),頁287。

26 甘乃光:〈嶺南大學男女同學之歷程〉,載於舒新城:《近代中國教育史料》(臺北市:文海出版社影印版),頁40。

育史上的重大變化。同時，它也是婦女地位重大變化前奏，打下了婦女解放的基礎。

二十世紀初，婚姻自由觀念開始抬頭。在新思想影響下，廣東地區的婦女，特別是受過教育的學生衝破舊風俗和社會壓力，自由擇偶，並在城市中舉行文明婚禮者，大有其人。自由風氣也滲入鄉間，一九〇四年九月七日，報紙刊登一則新聞〈婚姻奇案〉，報導順德縣霞石鄉一女子梁保屏，從十四歲起為其未婚亡夫守節八年，成年後覺醒到這種做法不人道，自己選擇了一位男子，要與之結婚。因雙方父母不允婚事，便一道出奔到香港，循英國法律登記結婚，獲准註冊。[27]

辛亥革命期間，有一些婦女參加革命立了功，民國建立後，婦女解放運動又向參政方面發展。一九一一年十二月，廣東臨時省議會在制定選舉法時，規定了議會中有婦女代表十名。經過幾輪選舉，張沅、李佩蘭等十名女代議士產生。廣東在省議會中設女議員，在全國開婦女參政之先河，當即為輿論所稱頌，婦女參政取得進步政治家的支持，但隨著臨時政府的北遷，很快變成泡沫。一九一二年八月十日，《參議院議員選舉法》和《眾議院議員選舉法》正式公佈，婦女均沒有選舉權和被選舉權。廣東女代議士們奮力抗爭，李佩蘭發表女界要求參政的意見書，廣東籍留日女學生寄來了請願書，女代議士們甚至聯合各省女界共同上書北京政府。她們疾呼：「二十世紀之時代，國家社會主義之時代也。二十世紀之人民，平等自由磅礴之人民也。我女界對於社會固為一分子，即對平等國民亦為一分子，而國家對於我女界人格比較對於男界之人格則扞格殊甚，國家社會主義何在？自由平等這磅礴又何在？」[28]但由於婦女參政的歷史條件還不成

27　〈婚姻奇案〉，載《大公報》1904年9月7日。
28　〈廣州女界鄧博倩等要求參政權上省議會書〉，載《亞東叢報》1912年第2期。

熟，一九一二年的婦女參政運動失敗。五四運動後，男女平權、婦女
解放的呼聲高漲，廣東婦女參政運動率先復起。一九一九年秋，廣州
護法國會準備制定憲法，女界七十多人發出通告，提出解放教育、解
放職業、解放政權三項主張。十二月二十三日，廣州女界一千多人在
體育學校開會，決定組織女界聯合會，選舉委員十一人，李蓮、蘇開
瑞等當選為籌辦聯合會的委員。[29]後來，廣州軍政府的外交部任命曾
參加辛亥革命的鄭毓秀女士為外交調查會的名譽會員，此事被稱為
「中國女子參政運動的先例」[30]。一九二一年三月二十八日，廣東省
議會開會，女代表旁聽，提出女子的參政問題，省議會發生激烈爭
執。女代表還與一些議員衝突起來。四月十三日，廣州城五千多名婦
女舉行示威遊行，要求婦女參政權，但是，廣東省議會討論時反對票
佔了多數。然而，女界的鬥爭沒有停止，請願在繼續，最後，廣東省
長發佈命令，承認女子在縣議會選舉中可得為選民，廣東女子參政名
義上取得了有限的成果。[31]應該說，廣州女子爭取自身解放的鬥爭精
神越來越強了。

三　商業發展和社會動盪對傳統道德習俗的衝擊

　　廣州是商業興盛的城市，經商容易致富。由於農村人口激增和天
災人禍，生活水準下降，棄農經商者增多；仕途擁擠，士人生活相對
貧困，又使更多的人棄學經商。在廣州，商人在市民中所佔比例相當
高。據一九○九年統計，廣州城住戶為九萬六千六百一十四戶，店鋪

29　《廣州特約通訊》，載北京《晨報》1920年1月6日。

30　《中國女子要求參政的先聲》，載《解放畫報》1920年5月第1期。

31　劉志琴主編，羅檢秋著：《近代中國社會文化變遷錄》第3卷（杭州市：浙江人民出
　　版社，1998年），頁447。

多達二萬七千五百二十四戶，幾為住戶的三分之一。[32]清末，「商人漸有勢力，而紳士漸退。商與官近，致以官商並稱。通常言保護商民，殆漸打破從來之習慣，而以商居四民之首」[33]。商人地位的提升，使人們的賤商觀念日益向重商、慕商方向轉變。世人重商，商人的思想觀念和習慣也就成為領導潮流的時尚。這對於習俗的影響，有好的一面也有不好的一面。趨利和逐利的意識使廣州人勇於進取，注重實效，不尚空談，養成了「惟實」之風。市場經濟和意識濃厚，勇於接受新事物，打破傳統束縛，追趕新潮流，形成了求新、求變、求活的心態。但逐利的意識也容易使人拋棄道德和廉恥，走向惟利是圖的邪路。「重義輕利」的傳統道德受到衝擊，誠實守信的經商之道也逐漸褪色。商人的講排場、尚奢華和及時行樂成了一時的風氣。清末，豪商巨賈為顯示自己的富有往往揮金如土，極盡奢侈之能事。而其它階層的人民因羨慕而紛紛仿傚，使奢侈消費成為風尚。這種風氣在婚嫁上最為明顯，形成了對傳統「節儉」美德的衝擊。有記載稱：「粵中婚事所用之迎新彩輿，有金翠輝煌者，有紅緞平金者，有金亭翠亭陳設禮物，至其儀仗之鮮明，燈彩之富麗，誠各省所不及也。」[34]這是清代的一般情況，到清末，則變本加厲。一八九七年，廣州城內白姓、周姓、鄧姓三富豪娶親時，「迎娶儀仗之盛，固不待言。所奇者，前導有美女十餘人，戎裝執刀，花團錦簇。中隊更有女頂馬，明裝豔服，高跨連錢驄，旁復用豔婢十餘人，扮作旗裝，手持玉唾壺、五彩花瓶、白玉如意、宣德銅爐之類；後則女郎四十餘輩，均芳齡三五，姿首絕倫……」[35]其糜費之狀，實令人慨歎。

32　《廣東省垣人戶最近之調查》，《廣東省諮議局編查錄》下，政治叢述（六）部，宣統二年（1910年），頁103-104。

33　同上。

34　徐珂：《清稗類鈔》第五冊（北京市：中華書局，1984年），頁2001。

35　見《申報》1898年1月1日。

　　清朝後期，社會的精神狀態、風俗習慣和道德水準都呈現出末世的衰頹。晚清頹風在習俗上的表現主要是吸食鴉片的普遍化、賭博的氾濫和娼妓的盛行。政府也做過一些努力進行禁止，但動盪的政治軍事局面往往使這些努力收效不大，惡風陋俗難以消除。

（一）吸食鴉片的普遍化

　　第二次鴉片戰爭後，鴉片正式成為合法的進口商品，易於得到，民間吸食鴉片漸成風氣。十九世紀六〇年代，廣州每月進口的鴉片達到七百多擔，吸食的方式也愈來愈講究。煙土有不同的等級和口味，煙具精雕細琢，煙館豪華，布置雅潔，氣氛寧靜，煙民採半坐半臥的姿勢，懶散而迷醉。中國人吸煙完全不同於西方人飲服鴉片酊和吞服鴉片藥丸的情調，成為一種中國化的享受。清末民初，隨著城市商業的發展，煙館還與茶樓妓院一樣，成為社交場所，談生意、拉關係、消遣、娛樂……人們的道德觀念和社會輿論對這一惡習也日見寬容。不但在廣州城中煙館林立，附近鄉鎮，也是不分男女老少，無論貴賤貧富，廣為吸食。下層人民吸食鴉片多與生活艱難和精神苦悶有關。另外，近代中國經濟落後，醫學也不發達，國人健康狀況普遍不良，鴉片成為「萬用醫藥」，也是鴉片廣泛流行的一個原因。

　　一九〇六年，清政府頒佈「預備立憲」的詔令，為了振刷官員和全體人民的精神，決心痛除幾十年來危害國家的煙毒。政府從禁種、禁吸、禁售各個環節入手，規定十年內禁絕鴉片。二十世紀初，土煙已經取代洋煙佔領中國市場，只要政府狠抓禁種這一環節，收效必大。而且，過去向中國大量傾銷鴉片的英國，在一九〇六年因為自由黨在大選中獲勝，下議院通過議案，不再支持中印鴉片貿易，答允逐年削減從印度輸入中國的鴉片，中國禁煙運動有了比較好的國際環境。在這種情況下，全國掀起了一次認真的大規模的禁止吸食鴉片的

社會運動。廣州也於一九〇七年開始採取行動，首先是查禁煙館，所有煙館一律停閉。其次是嚴定期限，令煙民們斷絕煙癮。另外，在官方的鼓勵下，民間紛紛成立戒毒團體，宣傳發動　群眾參加禁煙行動。自然，這些措施也遭到不同程度的抵制，比如一些煙館轉入地下經營，一些煙民大量購買鴉片以做儲備，等等。但總的來講，禁煙運動還是很有聲勢。與此同時，禁種鴉片也取得了一些進展。廣東在一九一〇年秋季，大部分地區都已經禁種鴉片。至一九一一年清朝滅亡前夕，廣州吸食鴉片的人已經大為減少。

辛亥革命後，南京臨時政府針對革命期間社會失控、煙毒有復熾之勢的情況，於一九一二年三月二日重申禁煙令，後來北洋政府也多次發佈禁令，使民國初年再度掀起禁煙熱潮。一九一二年年底，廣東都督府頒佈了《禁煙章程》，章程規定：自一九一三年一月一日起，在全省禁絕吸食鴉片，違者重罰。員警廳負責執行，廣州居民吸鴉片煙被抓者每日不下十數人，有的被罰款多達一千元。如此嚴厲的措施使一些煙癮重的人紛紛逃到香港、澳門以躲避搜捕。[36]各界群眾也積極參與，有人提出成立「強迫戒煙所」，有人提出馬上廢除為期十年的《中英禁煙條約》，在一九一三年一律禁止印度煙入口。勸導人民禁煙的輿論盛極一時，各種報刊大量登載宣傳戒煙的文章。民國初年禁煙取得的成效比清末又進了一步。

但民初政局不穩，政權更迭頻繁，各種政權對禁煙態度不一，阻礙了禁煙運動的順利進行。在龍濟光踞粵時期，官府竟公開包庇售賣煙土，後來還實行煙膏專賣，使「私土運入頗多」。[37]桂系踞粵後，鴉片更加氾濫，政府對鴉片種植、運輸和吸食徵收各種稅費，以搜刮民

36　《粵警廳禁煙之嚴厲》，載《申報》1913年1月28日。
37　見《政府公報》1915年4月30日。

財。軍隊甚至強迫老百姓種煙，以收取畝捐。這一時期，雲、貴、川等省所產鴉片也經廣西運銷廣東，廣州的煙禍又捲土重來。軍閥割據局面的出現，使禁煙運動走向流產，因為鴉片已成為軍閥割據的重要經濟支柱。

（二）賭博的氾濫

賭博兼有遊戲娛樂和投機生財的雙重功能，在廣州這個商賈流民聚集之地一向較為流行。但因賭博引發不少社會治安問題，如鬥毆、偷竊、兇殺、迷信等，為清律例所禁止。然而，賭博在晚清和民國初年屢禁不止，甚至發展成為中國歷史上前所未見的聚賭風，與賭業獲利豐厚、政府暗中保護、民眾趨之若鶩等因素有關。

賭博活動形式多種，花樣翻新，有番攤、牌九、撲克、花會、麻雀、闈姓、陞官圖、拋骰子、鬥雞、鬥狗、鬥蟋蟀、白鴿票等等。一八六一年，廣州貢院毀於戰火，粵紳請官廳准予開辦闈姓，得到允准，賭博活動開始取得合法地位，由秘密轉為公開。在好逸惡勞和投機心理的驅使下，農工商學各界之人無不被裹挾其中，牽涉面之廣，連婦女、老少者也未能幸免。「通省賭具，除闈姓外有鋪票、番攤、小闈姓等名目，婦女則有花會、女攤，童稚幼孩更有骨牌會、牛牌各名色，無論老少，人人有賭，父不能戒其子，夫不能責其妻，甚至有仕宦眷屬因賭賣身，流落為娼者。至僕婦女更無論矣。」[38]「凡有花會賭廠設立的地方，其周圍數十里的人家，不論貧富男女老少，幾乎十之八九，無不參加，一家之內，父子婆媳亦共同會商下注。」[39]

歷屆兩廣總督，對于禁賭，都不用力，以致賭害愈演愈烈。直到

---

38 〈奏停賭餉〉，載《申報》1903年7月14日。

39 李漢沖：〈花會賭博種種〉，載《廣東風情錄》（廣州市：廣東人民出版社，1987年），頁119。

一九一一年，張鳴歧任粵督，才下令自農曆三月一日起在全省禁絕賭博，並公佈了嚴厲的懲治條例，廣州的賭風稍有收斂。辛亥革命後，廣東軍政府成立，在胡漢民、陳炯明督粵期間，採取了各種措施禁賭。但一九一三年龍濟光接任廣東都督後，廣東賭風又起，且有人聯名上書省行政公署，要求弛禁。從一九一三年年底到一九一四年三月，弛禁與嚴禁兩種意見爭論不已，官廳不敢做主。要求弛禁者便攜款到京運動解禁：「粵人以賭為生活者不計其數，現有奸商某等為前清道員，攜鉅款來京運動解弛禁賭，並帶有工文墨者數人司文牘之事。」[40]但此事遭到旅京粵人之反對，梁士詒、梁啟超等領銜覆電廣州商務總會並電致龍都督與民政長，請嚴申賭禁，懲辦博徒。廣東弛禁暫沒有成為事實，但禁賭也沒有明顯成效，各地官署包庇賭徒，從中獲利，廣州周圍的許多地方賭博遍地，而絕無軍警過問。到一九一四年十月，龍濟光藉口救濟水災，招商承餉開辦了山票、鋪票，美其名曰「水災有獎義會」，年餉八十萬。隨後又開辦牌捐。此例一開，山票、鋪票、牌捐、字花、牌九、骰子擋等各種名目的賭博活動又死灰復燃。當時，廣州的西關參與賭博的人十分踴躍：「男男女女，如蟻附膻，一時有小澳門之稱。」[41]一九一六年後，廣東進入桂系執政時期。為應付駐粵軍隊的欠餉和民軍編遣費用，當局用三十六萬元的「運動費」賄買省議會議員，使「開賭案」得以通過。於是，自一九一七年下半年起，廣東省內賭風日甚一日，歷來種種之賭禍，無不畢備。

（三）娼妓的盛行

　　廣州商業發達，旅館、食店林立，到城市謀生的男性增多，為娼

40　衛恭：〈八十年來廣東的禁賭和開賭〉，載《廣東文史資料》第十六輯（廣州市：廣東人民出版社，1964年），頁106。

41　〈粵官商爭持中之禁賭問題〉，載《申報》1914年3月18日。

妓的盛行提供了基礎,加以戰亂、災荒和貧窮,大批婦女失去生活保障而流入城市,在無以為生的情況下,妓業成了她們的謀生手段。年輕的充當妓女,中年和少年的組成妓業的龜鴇、女傭、女僕群體,妓業成為城市中一個女子集中的大行業,不僅屢禁不止,久盛不衰,而且隨著商業的發展而日見興旺,向著職業化發展。民國以前,廣州的娼妓多集中在陳塘、東堤兩地,青樓妓院、花筵酒家遍地皆是。

一九一二年,廣東軍政府為正風俗,飭令綏靖處查禁娼業,但未取得明顯成效,公娼暫時消失,私娼卻隨處可見。一九一四年,廣州當局為解決軍隊的餉源,對掛牌納捐的公娼以恢復商業經營的名義同意在固定地點復業,並制定了一些管理規則。廣東都督、省長發佈告示,「宣佈所有東堤及西關之娼僚、陳塘南新填地塘魚欄一帶,並花地之金針幫及水上之士敏土廠前、二沙之西、大坦尾之北,前經指定灣泊妓艇地點,均許其先行復業,惟不得在城內開設。」警廳制定的十四條管理規則的主要內容是,營娼業者必須註冊,營業地點受到限制,妓女不准吸食鴉片和聚眾賭博,不得接待軍警學界有服裝標誌者,不得凌虐妓女,按時按量交納花捐等。對私娼雖然仍禁止,但並不嚴格,不少婦女仍在酒樓和旅館陪飲陪宿,酒樓旅館夥記專為私娼媒介,以圖分利。官府對於私娼往往以罰款了事。民國官場的腐敗和對花捐的垂涎,是娼業盛行的重要原因。一九二一年四月一日,廣州各界民眾有組織地舉辦了一次「廢娼大遊行」,但民眾的願望和要求並沒有被當局答允。原因是政府在花筵捐上稅收每年達六十多萬元,占市府總收入的四分之一。廢娼後不僅失去了巨大的稅源,而且為安置妓女還須再拿出五十多萬元來。政府無力負擔此項開支。

民國成立後,由於軍閥割據和更迭的局面出現,使清末遺留下來的社會陋習沒有得到有效遏制。

第二章
衝突‧交流

澳門多元文化的歷史形態

　　鴉片戰爭前三百年間，澳門是中國領土上唯一沒有對外關閉且特許外國人居住的地方。它不但是西方文化進入中國的最初入口，而且是中西文化共生共存的奇異之區。下面試從宗教、風俗習慣、建築音樂繪畫、科學技術、語言文字等方面描述澳門多元文化的歷史形態。

一　宗教

　　葡萄牙人在澳門輸入的西方文化，較早的是宗教。葡萄牙是個信奉耶穌天主教的國家，澳門是在華天主教的策源地，也是天主教在遠東的跳板。自一五五二年耶穌會士聖方濟‧沙勿略首先到達廣東省上川島後，一五五六年，耶穌會傳教士公澤勒又被派到澳門，開始建立天主教在中國的第一個立足點。一五七五年，澳門教區作為東亞第一個主教區正式成立，管轄中國、日本、朝鮮及中南半島各分區的傳教事務，因此澳門便成了整個遠東天主教的中心、教士的集散地，甚至被人稱為「東方的羅馬」。一八〇七年，基督教新教傳教士馬禮遜到澳門，開始了基督教來華的歷史，但是由於新舊教派的互相排斥，新教在澳門的影響不大。

　　清雍正元年禁教前，在澳門，大小教堂林立，且有不少中國人信教。

　　耶穌會士在澳門建立的第一座教堂是「聖母小堂」。據說,它建
於一五六五年。「一五六五年十一月二十一日,培萊思神父赴廣州,
申請入中國未果。返回澳門之後……獲中國官員准許,得建一座小
屋,作為臨時會所,並附設一座小堂,名叫『聖母小堂』。」[1]不久,
澳門又成為發展遠東教務的中心,建立了吸收東方人進教和培養傳教
士的「瑪爾定堂」。方豪教授在他的《方豪六十自定稿》裏說:「一五
八〇年,澳門山上又建立一瑪爾定小教堂,專收有志入教之人。閱二
年,瑪爾定教堂遂為中國及日本教中心……此堂且為最初赴羅馬之日
本使節學習拉丁文及其它歐洲文字之所。」文德泉神父在他的〈三巴
牌坊〉一文裏也說:「一五七九年六月,羅明堅神父到達澳門,於次
年,即一五八〇年,建一小屋在山丘上,作為中國人學習教理之所。
羅氏又在此屋側,附設一所教堂,定名『瑪爾定』小堂。從此之後,
著名的『天主之母堂』(按:即三巴寺)也開始興建了。」[2]據成書於
一七五一年、由兩位曾任澳門同知的清朝官員印光任、張汝霖合著的
《澳門紀略》所載,當時較大的教堂便有「大廟」(澳門最早的主教
座堂)、「風信廟」(蕃舶既出,室人日望其歸,祈風信於此)、「葛斯
蘭廟」、「龍松廟」、「發瘋寺」(內居瘋蕃,外衛以兵,月有廩)、「板
樟廟」、「唐人廟」(專為華人進教之所)、「三巴寺」、「小三巴寺」、
「花王廟」(蕃人男女相悅,詣神盟誓畢,僧為卜吉完聚)、「醫人廟」
(凡夷人鰥寡孤獨,有疾不能自療者,許就廟醫)等等。西方傳教士
起勁地向當地的中國人傳教。十六世紀晚期,澳門華人加入天主教的
數以千計。明崇禎七年,即一六三四年,澳門建立了華人教堂——
「唐人廟」(此為葡史所記,《澳門紀略》記為清康熙十八年),用華

1　郭永亮:《澳門香港之早期關係》(臺北市:前衛出版社,1991年),頁53。

2　郭永亮:《澳門香港之早期關係》(臺北市:前衛出版社,1991年),頁53。

語傳教。入教的中國人有兩種：一種是與外國人關係密切的人；一種是從廣東各縣到澳門進教的人。其中有經商來往的商販，也有通事、僕役和雇工等。澳門人入教，有的取了葡萄牙姓名，改穿西式服裝，娶葡萄牙女子為妻，按照葡萄牙的風俗習慣生活。

乾隆年間廣東官方報告，澳門著名的華人教徒和教士有林先生和周世廉等十九人。其它信徒無法統計。[3]

清明節前後的復活節和冬至前後的耶誕節，大批中國信徒從南海、番禺、順德、東莞、新會、香山等縣到澳門「唐人廟」持齋禮拜，成為一時盛典。[4]入教的澳門人，因與西方人接觸較多，習染很深。語言習慣漸化為夷，引起清政府的驚恐，於一七四六年查封「唐人廟」，禁止中國人信天主教。不久，「望德堂」又成為華人進教之所，此後，附近信教的人大增。雖然清政府的禁令一直持續到鴉片戰爭時期，但禁令時松時緊，到了一八一八年，仍有華人信徒九十八戶。據《中國叢報》一八三四年十一月的統計數字，一八三〇年澳門有中國教徒六千多人，其中有七名中國神父。

在澳門的大部分中國居民，仍信奉佛教和道教。澳門的中國寺廟有著名的「媽閣廟」、「蓮峰廟」、「普濟禪院」、望廈村的「觀音堂」等。另外，鄉村中還有不少中國宗祠、文廟觀音閣等。一年四季，各種宗教節日此起彼伏，熱鬧非凡。每逢禮拜日，教堂內便傳出管風琴的鳴奏、唱詩班的歌聲、教徒的祈禱聲。每逢「復活節」，又會有供奉著「聖體」的盛大遊行出現在街道上，吸引了無數的遊人。而中國寺廟也是香火鼎盛，舉行著各種佛教和道教的盛典。

3　印光任、張汝霖：《澳門紀略》（廣州市：廣東高等教育出版社，1988年），頁30。
4　郭永亮：《澳門香港之早期關係》（臺北市：前衛出版社，1991年），頁46。

二　風俗習慣

在澳門這個彈丸之地，居住著成千上萬的中國人和葡萄牙人，還有一些西班牙人、英國人、意大利人、德國人、瑞士人、日本人、朝鮮人、印度人等等，他們按照各自的風俗習慣生活，明清政府基本上不加干涉。所以，澳門交織著多姿多彩的歐洲和亞洲的風土人情。

到澳門來的葡萄牙人大多是經營商業的，他們有「祈風」之俗。每年商船出海，家家的生命財產繫於此。出洋的時候是冬天，多北風，回來已是四五月，四五月多南風，所以一到商船將返，婦女兒童便「繞舍呼號以祈南風」，如果出洋的人不回，則「相率行乞於市」，乞者常千人。

葡萄牙人行西曆，無中國的所謂「節令」。春天和秋天也沒有祭祀祖先的習慣。婚喪大事也無「賓醴幣帛之儀」。「燕飲不修賓主揖讓之禮，飲酣則擲玻璃盞以為樂」。每天下午起床，晚上活動，上午睡覺。崇尚奢侈，稍有錢財便花在居室的裝飾和服裝的華靡上面。出門「張蓋乘輿」，相見以脫帽為禮。

葡萄牙人重女輕男，「家政皆女子操之，及死，女承其業。男子則出嫁女家，不得有二色，犯者女訴之法王，立誅死，或許悔過，則以鐵鉤鉤其手足，血流被體而後免。女則不禁。得一唐人為婿，皆相賀。婚姻不由媒妁，男婦相悅則相耦」。婚禮在教堂舉行。

喪禮也與中國不同，「尤薄於送死，家有喪，號哭不過七日，不炊。親友饋之食」。

這些在中國人眼中都是些不可思議的奇風異俗。一八三九年，林則徐巡閱澳門時，在他的日記中亦描寫了澳門的西洋風俗：「甫出關閘，則有夷目領夷兵百名迎接，皆夷裝戎服，列隊披執於輿前，奏夷樂，導引入澳……入三巴門，自北向南，至娘媽閣天後前行香，小

坐。復歷南環街，由南而北，凡澳內夷樓大都在目矣。夷人好治宅，重樓疊屋，多至三層，繡門綠窗，望如金碧。是日無論男女，皆倚窗望街而觀，昔夷服太覺不類。其男混身包裹緊密，短褐長腿，如演劇扮成狐、兔等獸之形。……鬚本多髯，乃或剃其半，而留一道卷毛，驟見能令人駭，粵人呼為麿子，良非醜詆。更有一種鬼奴……皆供夷人使用者，其黑有過於漆，天生使然也。婦女頭髮或分梳兩道，或三道，皆無高髻。衣服上而露胸，下而重裙。婚配皆由男女自擇，不避同姓，真夷俗也。」[5]

　　而澳門的中國人，依然保持著中國的生活習慣，他們過春節，祭祖先，賽龍舟，行中國農曆的節令。男子讀中國經書，參加科舉考試。女子年輕守寡的，不肯改嫁，被褒揚為節婦。兩種反差很大的生活和觀念，和平共處，兩不相擾。

三　建築、音樂、繪畫

　　近代西洋建築傳入中國，是從澳門開始的。澳門西洋建築甚多，除了上面所提到的教堂具有當時羅馬盛行的「巴羅克」風格外，民居也別有情趣。民房一般都是三層的樓建在山坡和山頂上，形狀有方、圓、三角和六角及八角等，還有的造成像花、果等形狀，屋頂俱為螺旋形，爭奇鬥麗。房子四面窗戶很多很大，窗飾講究，樓門都設在兩旁，門前有數十級樓梯，主人居樓上，黑奴居樓下。

　　澳門的中國式建築，有中國官署議事亭，在平地上建起的中國平房民居，還有就是雕樑飛簷、富有民族特色的媽祖廟、關帝廟等。

5　轉引自張馨保：《林欽差與鴉片戰爭》（中譯本）（福州市：福建人民出版社，1989年）。

　　西洋音樂和繪畫是通過宗教儀式而傳入中國。澳門的三巴寺有風琴。除風琴外，還有銅弦琴、西洋軍樂等傳入澳門。

　　教堂裏有不少西洋畫，《澳門紀略》載：「三巴寺有《海洋全圖》。有紙畫、皮畫、皮扇面畫、玻璃諸器畫。其樓臺、宮室、人物，從十步外視之，重門洞開，層級可數，潭潭如第宅，人更眉目宛然。又有琺瑯人物山水畫、織成各種故事畫、繡花畫。」[6]

　　十八世紀末十九世紀初，有幾個著名的西方畫家曾在澳門從事繪畫創作，出現了用西洋技法描繪澳門風物的傑出作品。

　　英國畫家威廉‧亞力山大和馬生隨英使馬戛爾尼到澳門，在居留期間，把中國景物用寫生畫法描繪後帶回英國，英國人描畫中國事物，是以澳門的歷史名勝為開端。繼之，則有約翰‧韋伯及柏黎二人，後又有孔夫頓（他的作品年代在一八一五至一八一九年間）、羅拔‧義律（作品年代在一八二四年）、比成（作品年代在一八二六年）。最有成就的是長期旅居澳門的英國著名畫家錢納利，他於一八二五年來到澳門並成為一個普遍受到人們歡迎的人，一八五二年在澳門去世。他在澳門僑居二十六年，用炭筆、水彩等創作了大批描繪澳門風土人情的作品，他的寫實畫「濠江漁娘」在英國展出後，大獲好評。他還在澳門廣交畫友，傳授畫藝，培養中外畫家，形成獨樹一幟的藝術流派。

　　另一個熱心描繪嶺南風物的畫家是法國波塞爾，他在一八三八年八月至一八三九年六月在澳門、香港和廣州作畫。回國以後出版了名為《中國與中國人素描集》，他的畫風以客觀、真實和細緻著稱，展現了鴉片戰爭前夕的嶺南風貌。

6　印光任、張汝霖：《澳門紀略》（廣州市：廣東高等教育出版社，1988年），頁32。

四　科學技術

葡萄牙的槍炮，當時的中國人稱之為「佛郎機統」。一五一七年葡萄牙人來到廣州時，佛郎機統隨即傳入中國。

葡萄牙人入居澳門後，為了保衛他們自己的生命財產，在澳門建築了炮臺，帶進了洋槍洋炮，更加加快了西洋槍炮在中國的推廣使用。葡萄牙人早期在澳門修築的炮臺，自半島的東南至西北沿岸的各山頭都布滿了。較大的有「三巴炮臺」，位於半島的中央山頂上，建於一六一九年，成於一六二六年。炮臺成多邊形，「列炮廿八，上宿蕃兵」。另外，還有「東望洋炮臺」、「西望洋炮臺」、「加斯蘭炮臺」、「南灣炮臺」、「娘媽閣炮臺」、「沙梨頭炮臺」、「燒灰爐炮臺」、「仁伯爵炮臺」和「聖約翰城堡」等。各個炮臺上安置的炮位，有兩百餘個。最大的炮，重三千斤，長兩丈，炮口能容三人蛇行而入。燒灰爐炮臺所在地，是曾經揚名於世界的鑄炮窟，即澳門兵工廠，也是澳門葡人支持明廷抗拒滿人入侵而製造軍火的地方。它也曾經鑄造過一些教堂用品，如銅鐘和十字架等。

至於洋槍，則有長槍、手槍和自來火槍。《澳門紀略》記載：「其小者可藏於衣衫之中，而突發於咫尺之際。」[7]驚歎手槍是多麼小巧神奇。

兵器之外，葡人帶進澳門的西方器用還有天文器、鐘錶、光學儀器等。[8]玻璃已傳入中國，以玻璃做成的鏡子、燈、壺、杯和屏風等在澳門已很普遍。鏡子有照身大鏡、千人鏡（懸之，物物在鏡中）、多寶鏡（合眾小鏡為之，遠照一人作千百人），有千里鏡（可見數十

7　印光任、張汝霖：《澳門紀略》（廣州市：廣東高等教育出版社，1988年），頁68。

8　同上書，頁75。

里外)、顯微鏡(見花鬚之蛆,背負其子,子有三四;見蠅虱毛黑色,長至寸許,若可數),有火字鏡、照字鏡、眼鏡,等等。時人也有玻璃鏡詩、眼鏡詩詠之。這些西洋奇器,當時令中國人讚歎不已。

五 語言文字

中西方語言文字的交流是從廣東民間開始的。先是葡萄牙人來中國貿易,不通中國語言,依靠簡單語言和輔助的手勢開始了交流。逐漸出現了一些能與葡萄牙人進行貿易上的語言溝通的嶺南人,叫通事。他們並不真懂葡萄牙語,但能用中國語言來表達葡萄牙語的意思,正如美國人亨特在他的著作《廣州番鬼錄》裏說的:「他們之所以被稱為『通事』,是因為他們只通中文,並不懂外文。」[9]由通事們掌握的這種早期中西語言交流的工具,被稱為「廣東葡語」。

到了十八世紀中葉,英國後來居上,成為了中國對外貿易的最大夥伴,中英貿易額占全部中外貿易額的百分之八十,美國也佔有不少貿易額。這樣,兩個英語國家的強有力的加入,使英語在中外貿易中的重要性大大提高,為了適應中外貿易的需要,嶺南地區又出現了由通事們創造的「廣東英語」。「廣東英語」就是後來在上海灘風行一時的「洋涇浜英語」。

通事、買辦們都是些普通的老百姓,沒有受過外語的正規培訓,他們只是在與外國人接觸的過程中領會到外國語言的意思而進行交流的,而且他們所懂得的僅僅是局限於商業活動方面的語言和口頭上的語言,並不懂書面語言。

---

9 威廉・亨特著,馮樹鐵譯:《廣州番鬼錄》(廣州市:廣東人民出版社,1993年),頁47。

　　這兩種語言前者在明末流行於澳門，清朝開關後，逐漸流行於整個廣州口岸；後者在清朝乾隆中葉以後，開始在澳門與廣州流行。

　　中外語言的交流應該是雙向的，不可能永遠是單向的。外國商人可以依靠中國通事，但外國傳教士就不能依靠他們，而必須自己學會用中文宣講教義，所以也有外國人學習中文。早期天主教為了要在中國發展教務，開始鼓勵傳教士學習中國語言。一五七九年，意大利籍的耶穌會士羅明堅到達澳門，按照教會的指示，學習中文。一五八二年，另一意大利籍傳教士利瑪竇也到了澳門學習中文。以後，有更多的傳教士在澳門修習中文。據說，自羅明堅起到明朝末年，起碼有數十名耶穌會士學會了中文並進入中國內地傳教。但是，由於清政府在雍正元年（1723）開始禁天主教，乾隆二十四年（1759）又頒發了《防範外夷規條》，外國人學習中國語言成為犯法的事，只能偷偷地學，懂中文的人便越來越少。據說，到鴉片戰爭前夕，懂中文的外國人便只有馬禮遜、德庇時、裨治文、郭實臘、伯駕和亨特等幾名。

　　關於「廣東葡語」的特點，《澳門紀略》一書篇末附有一個「廣東葡語」的單詞表（澳譯）可供研究。而關於「廣東英語」的特點，美國人亨特的《廣州番鬼錄》提到當時廣州商館附近的書店出售一本名叫《鬼話》的小冊子，可以為證。[10]

　　這兩者的共同特點是，它們只有一個簡單得不能再簡單的詞彙表，裏面只包含了幾百個外語單詞。中國人在使用它們時不是遵循它們本身的語法和句子結構，而是依照中文文法和句子結構來排列，發音方法也是中國式的。

　　而外國人學習中文，也常在中國字旁附以拉丁文拼音，以便記誦，逐漸編成字典。一五八四至一五八八年間，利瑪竇和羅明堅合編

---

10 同上。

了一本《葡華字典》，這是第一部葡華字典，用拉丁文注音。一六二五年，比利時籍天主教士金尼閣編寫了一本更加完善的用拉丁文注音的中文字典——《西儒耳目資》。金尼閣把漢字分為二十九個音素，以拉丁字母符號，編成韻母、聲母、疊韻母等幾類，與其相對應。比如韻母有五個：A（啊）、E（額）、IA（丫）、O（阿）、U（午），疊韻母有五十個：AI（愛）、AO（澳）、AN（安）等等。這種注音法，與我們今天的中文拼音十分相近，可見它對中國字注音的影響之大。

一八一七至一八二三年，英國基督教傳教士馬禮遜在澳門出版了《華英字典》，這是第一部漢英對照字典，共收入漢字四萬多個，是當時最完備的一部中西文字交流大典，對中西文化交流起了非常重大的作用。此後，《廣東省土話字彙》（馬禮遜編），《漢語百科詞典》（加略利撰）、《漢英字典》（麥都思著）、《廣東方言文選》（裨治文編）、《簡易漢語教程》（衛三畏著）等由外國人編寫的漢語學習用書不斷出版，加快了中西語言文字的交流。

正規的西方語言教育也在澳門首先興辦。一八○○年，由澳門當局提供經費，開辦了王家學院，兼收中、葡學生，教授葡語、拉丁語、算術、修辭、哲學和神學等課程。一八三四年，德國籍傳教士郭實臘的英國籍妻子溫施娣在澳門的寓所內開辦一所女塾，後又附設男塾，招收當地貧苦人家的孩子入學讀英語和基督教義。一八三九年年初，澳門開辦了馬禮遜學堂，除教授英語外，還教授一些西方科學知識。

華夷觀念與律勞卑事件

鴉片戰爭前夕的一八三四年，在廣州發生了一起中、英兩國之間的外交衝突事件——律勞卑入粵事件。威廉‧約翰‧律勞卑來華負有

叩開中國大門的使命，是英國多次試探用和平的外交方式取得對華貿
易自由權的繼續，也是最後一次嘗試的失敗。這次失敗使英國堅信，
中國的大門非用暴力不能打開。律勞卑事件是鴉片戰爭前夜中英關係
史上的一件大事。

　　對於這個事件的評述，過去往往只強調英國蓄意挑起事端，製造
緊張局勢，逼清政府讓步，從而擴大在華利益的一面，而對當時清政
府在對外關係上所持的閉關思想和僵化政策一筆帶過，甚至忽略不
提。其實，清政府的態度和做法對激化中英矛盾衝突也有著不可忽視
的影響，並且顯然不利於中國對外的正常開放。因史學界對後一方面
的探究尚少，筆者試作一粗淺分析，以期從這一歷史事件中取得更多
的啟發。

一

　　律勞卑是在什麼情況下來華的呢？

　　中國進入十九世紀以後，中英貿易迅速發展，貿易額約占中國整
個對外貿易總額的百分之八十。其中，鴉片是最大宗的輸入品。但
是，雖然中英之間貿易頻繁，兩國政府卻沒有正式的外交關係，政府
官員間平日也沒有任何來往與接觸。這在現在看來是很難理解的事
情，在當時卻是天經地義的。要解釋這個奇怪的歷史現象，就不能不
提到那時中國人的傳統思想──華夷觀念。

　　中國地處亞洲大陸東部，西面、北面橫亙著高山荒漠，東面、南
面瀕臨著大海汪洋。這種封閉型的地理環境限制了中國與世界的聯
繫，也限制了中國人的眼界。古代中國人逐漸把黃河流域看成是世界
的中心，把四周圍看成是蠻荒。加上中國在中世紀曾經攀上人類文明
的高峰，更加深了這種以中華民族為中心的優越感，華夷觀念也就隨

之產生，中華民族的文明程度必定高出於一切外族，華夏與夷狄，一為文明，一為野蠻，其位置不能顛倒，只能「用夏變夷」，絕不能「用夷變夏」，兩千年來似乎已成為不可動搖的信念。

除了地理、歷史的原因外，中國的封建專制政治和等級制度也使這種觀念不斷強化。封建社會內部尊卑貴賤的規則被統治者搬用到國家關係中，便是建立藩屬和朝貢關係。封建統治者不論對被征服的國家還是對和平共處的異族，都要求他們承認和接受君臣關係，向自己稱臣並進納貢物。這種國家關係使華夷觀念顯得更加理所當然。

華夷觀念對於中國及其鄰邦早已是司空見慣和無可爭議的。但對於生活在世界另一頭的西方人來說，卻是很不習慣和非常反感的。因此，在近代中西方的政治、經濟、軍事大碰撞中，這種觀念的影響不可忽視。

英國曾經為了貿易上的利益，向清廷要求派公使駐北京，以便建立國家間的關係，但屢遭拒絕。一七九三年，英政府以補賀乾隆皇帝八十壽辰為名，派遣馬戛爾尼率使團來華，目的是希望通過外交途徑減少在廣州貿易的限制和取得在廣州以外各地貿易的自由。馬戛爾尼的來華應該說是西方國家打算向東擴展的一個信號，但清政府毫無警覺，仍把大不列顛視為朝貢之國，以為其遣使來華無非是輸誠向化、懇求加恩而已。本來馬戛爾尼提出的擴大通商的要求並非都不可以協商解決，其中有的對改善兩國貿易關係和增進瞭解與互利還是有積極作用的，但乾隆一點都不加考慮，就以「與天朝體制不合」、「應仍照定例」和「天朝物產豐盈，無所不有，原不借外夷貨物以通有無」等理由一概加以拒絕。一八一六年，英王又派阿美士德來華，提出建立外交關係，企圖取得駐節北京的允諾。但阿美士德一來，首先就碰到「夷夏之防」的障礙。一個清朝官員把「貢使」二字刻好掛在他入京的快艇桅杆上。對於這一屈辱的稱號，阿美士德很為反感，但為了達

到面見皇帝的目的，只好裝做沒看見。後來，嘉慶皇帝認為他既是前來朝貢的藩屬之臣，便理所當然地要行三跪九叩之禮，阿美士德這下再也忍受不住了，堅決拒絕下跪，皇帝一怒之下，命他即日回國，所以這次什麼也沒有談成。不可否認，英國對中國懷有侵略野心，但清政府拒絕的原因卻不是因為洞悉其奸，而只是為了維護傳統的藩屬關係和朝貢制度，滿足皇帝的虛榮自大而已。

　　一八三四年，英國對華貿易到了一個轉折時期。這一年東印度公司對華貿易的壟斷權和管理權宣告結束，英國政府向英國私人企業完全開放對華貿易，大量的英國自由商人湧到廣州。這一變動標誌著「英國在工業上和政治上顯然都正在厲兵秣馬，以期奪取和把握住亞洲的市場」[11]。

　　在東印度公司包攬對華貿易期間，公司在廣州設有特派委員會，專門管理公司的商務，委員會的主任，被稱為「大班」。由於中英沒有外交關係，所以中英間的接觸只是商務接觸，即是英國東印度公司的「大班」與中國廣州十三行「行商」之間的接觸。東印度公司撤局後，「大班」不再擔任中英間貿易的管理人了，而改由英國政府直接派出它任命的商務監督來管理對華貿易。這樣，律勞卑便作為第一任對華商務總監督來到廣州。

　　律勞卑動身前，英國外交大臣巴麥尊給他以重要訓令：第一，不要干涉鴉片走私貿易；第二，要設法擴張英國商業勢力於廣州以外更廣大的地區；第三，要在中國沿海覓取一些地方，以便一旦發生敵對行動時，英海軍可以安全活動。[12]不知道是什麼原因，律勞卑沒有帶國書以表明他自己的身份，巴麥尊只是指示他「到廣州後應立即以公

11　丹涅特：《美國人在東亞》（北京市：商務印書館，1959年），頁155。
12　丁名楠等：《帝國主義侵華史》第一卷（北京市：人民出版社，1961年），頁25。

函通知總督」，並要他「採取步驟把他自己由一個純粹的商務監督即中國人心目中的大班身份，變成一個代表英王的使節身份」。[13]這樣，律勞卑來華除了負有管理商業的任務外，顯然還負有開闢中英外交途徑的特殊使命，他勢必要再次觸犯中華帝國的「夷夏大防」觀念和一切舊章成法。

二

一八三四年七月十五日，律勞卑乘英國小型軍艦到達澳門。澳門是葡萄牙的租借地，可讓外國人隨意進出居住。但是，外國人如果要從澳門進入廣州，按清政府當時的通商制度，必須領取紅牌（即通行證）。如果外國人有什麼事要求廣東官府解決，則一律採用稟帖寫明，由行商代為轉稟兩廣總督。但律勞卑認為自己是英國商務官員，與一般的公司職員身份不同，不願意遵循這個慣例。他沒有與公行商人聯繫，便於七月二十五日在穿鼻洋的虎門口改乘小船駛入中國內河，住進了廣州城外的夷館。第二天，他派書記官阿斯特爾到兩廣總督衙門呈遞他本人致總督盧坤的信，這封信也沒有採用稟帖的形式，而是使用了平行款式，封面寫有「大英國」字樣。信中聲稱他有保護與促進英國在華貿易的責任，需要取得政治和司法方面的權利，並要求面見盧坤。律勞卑顯然是故意這麼幹的。

這種在清方看來是無禮冒瀆的舉動引起了軒然大波。兩廣總督盧坤斷然拒絕接收律勞卑的文書，並接連發出四道布告，嚴詞申斥這一違章行為。他說：「查中外之防，首重體制，該夷目律勞卑有無官職，無從查其底裏，即使實係該國官員，亦不能與天朝疆吏書信平

---

13 馬士：《中華帝國對外關係史》第一卷（香港：三聯書店，1964年），頁139。

行，事關國體，未便稍涉遷就，致令輕視。」[14]他命令列商伍紹榮開導這個「化外之人」，使他懂得遵守中國的法例；又命令廣州協副將韓肇慶向外國人宣佈：「天朝制度，從不與外夷通達書信，貿易事件，應由商人轉稟，不准投遞書函。」[15]八月四日，粵海關監督中祥又把當時約束外商的章程重新發佈，以示中國原有制度堅持不變。他們警告說：「外夷在粵通市，係聖朝嘉惠海隅，並不以區區商稅為重。英國與我貿易已越一百數十年，諸事均有舊章，該夷目既為貿易而來，即應遵守章程，否則不准在粵貿易。」[16]

　　清朝官吏對律勞卑投書的反應，表現了他們在處理中外關係時缺乏平等的精神。夷夏大防的觀念往往使他們在稱謂、文書格式、措辭和禮節這些小地方上過於拘執，而且認為屈辱對方才能顯示自己的崇高尊嚴。他們對律勞卑指責最重的是這樣幾句話：「該夷目不肯接見洋商，旋赴城外，呈遞致臣盧坤書信一函，封面係平行款式，且混寫『大英國』等字樣。」[17]

　　「其意以為外夷官目與內地官吏並無尊卑之分，欲思抗禮。」[18]

　　看來，律勞卑最大的錯誤就是企圖以西方的外交對等方式進行國家間的交涉，而這是清廷最不能容忍的。

　　律勞卑並不妥協，他強調中外官吏並無尊卑之分，以後一切事件，都應與各衙門文移往來，不能照舊通過行商傳達，行文方式也不能用下級對上級的稟帖，只能用文書傳遞。

---

14 轉引自《中國近代史資料叢刊‧鴉片戰爭》第一冊（上海市：上海人民出版社，1957年），頁119。

15 同上書，頁119。

16 同上書，頁120。

17 同上。

18 轉引自《中國近代史資料叢刊‧鴉片戰爭》第一冊（上海市：上海人民出版社，1957年），頁120。

律勞卑不遵守成法，又不聽規勸，令公行商人十分為難，因為他們負有管束外國人的責任，並充當總督與外國人之間的連絡人。現在律勞卑一意孤行，使他們難以向官府交代，所以行商只好採取斷然的措施。八月十五日，他們致函全體在粵英商，宣稱：由於律勞卑不恭順，他們不敢和英國通商了。第二天，他們就停止了與英國商人做生意。過了兩天，八月十八日，總督盧坤頒發一個布告，以「封艙」威嚇律勞卑。布告說：「……仰體皇上聖意，天朝內外，一視同仁，停止貿易，夷人痛苦，於心不忍。……第念該國王向來尚屬恭順，該國散商，均屬安靜，若因律勞卑一人之過，概行封艙，未免嚮隅。……如其悔悟恭順，照常貿易，倘再違執，即行封艙。」[19]

律勞卑竟然對此亦不加理會。此時，從英國又開來一艘軍艦，與前來之軍艦同在虎門口外洋面停泊，船上洋兵有一百九十人。兩廣總督緊張起來，馬上派官員前往夷館查詢。因律勞卑不信任中國通事的翻譯能力，要求用通曉漢語的英國人傳話，清方又不同意，雙方無法溝通，事情不但沒有弄清楚，反而加劇了對抗情緒。

九月二日，總督盧坤宣佈封艙，嚴禁一切對英貿易，並下令夷館裏雇用的通事、買辦、廚師、僕役等所有中國人退出夷館，否則以漢奸論。在廣州夷館及在澳門的英僑住宅裏所有的本地人倉皇恐懼，逃避一空。廣州城內外加派了清軍巡防，夷館自然也受到監視，英國僑民的生活發生了困難。

律勞卑也以強硬方式進行反應。他以加強保衛英僑及其財產為名，命令停泊於外洋的兩艘軍艦開來廣州。九月七日，兩艦開進虎門，艦上約有軍隊三四百人。佈防於珠江兩岸的大角炮臺、晏臣灣炮臺、橫檔炮臺、阿娘鞋炮臺見英艦入侵，各個發炮轟擊，英艦也開炮

---

19 同上書，頁122。

還擊。本來，內河水淺，礁石林立，英艦行駛不快，清軍又增加了炮臺兵力，居高臨下，處於有利地位，要擊沉兩艦並非難事，但奇怪的是，清軍不僅未能擊沉兩艦，而且未能阻止它們前進。九月十一日，兩艦竟突破清軍沿途數重封鎖，到達黃埔拋錨。

英艦直駛城下拋錨，廣州轟動。總督一面佈署兵力駐守水陸各處，一面把這個非常情況奏報北京。道光皇帝聞訊極為震怒，打回奏文，加上朱批：「看來各炮臺俱係虛設，兩隻夷船，不能擊退，可笑可恨！武備廢弛，一至如是，無怪外夷輕視也。」[20]並下令革去水師提督李增階、水師提標中軍參將高宜勇之職，給總督盧坤的處分是革職留任，戴罪督辦。

兩艘英艦雖然勝利地進入了內河，但它們馬上陷入了清軍的包圍之中。總督調集了大船十二隻，每只運大石塊十萬斤，橫沉江內，用粗大鐵鍊、木排封鎖河面；調集大小師船八隻，內河巡船二十餘隻，配兵備械，嚴密巡防，調撥兵丁一千兩百名，壯丁三百名，整備槍炮，在兩岸陸路守備，又加固炮臺防禦工事，預備大小船隻一百多隻，暗藏硝磺柴草引火之物，預備火攻。英艦進退不得，無所作為。

自從八月中旬開始停止中英貿易，至此已將近一個月，英國商人的貿易利益受損不少。這年因為取消了東印度公司對華貿易特權，開始自由貿易，來廣州的英商船比以往哪一年都多，聚集於廣州的英商有數千人，他們大多是資本較少的散商，忍受不了長期停止貿易的虧折，漸漸不再贊成律勞卑的做法。現在糾紛的焦點集中在律勞卑身上了：因為只有他退出廣州，中英通商才可以恢復。律勞卑想以軍艦恫嚇清廷沒有成功，九月十四日，他在無可奈何之下寫了一封信給在粵

---

20 轉引自《中國近代史資料叢刊·鴉片戰爭》第一冊（上海市：上海人民出版社，1957年），頁130。

英國商會會長博伊德，信中說：「……我覺得我進一步努力說服總督閣下採取更為適當的行動方法，都是徒勞的。一八三四年九月七日，（粵）海關監督對惠特曼公司申請開放貿易的批覆，要我離開廣州去澳門之後，才能恢復通商。現在我請您將泊在澳門的英國大艇調來，俾我早有機會啟程。」[21]英商庫力基等代律勞卑向清廷認錯，要求發給紅牌讓他離開廣州退回澳門。

清朝廣東地方官員認為：「律勞卑雖有妄誕之想，尚無不法實跡，未便遽加剿除。且該國商梢數千人，俱以夷目不遵法度為非，無一附和，更未便玉石不分。今律勞卑已認錯乞恩，眾散商節次籲求，自應寬其一線，逐令出口，俾番夷震懾之下，仍感天朝仁慈寬大之恩。」[22]決定准其退走。

九月二十一日，律勞卑被清方押逐出口，兩艘英艦亦於同日開行，押出虎門海口。九月二十九日，總督發出了開艙貿易的命令，一切又恢復了往常秩序。十月十一日，律勞卑在澳門病死。

三

清政府以「封艙」的經濟手段制服了律勞卑，便以為取得了勝利。皇帝的上諭稱：「今既將該棄目等押逐出口，是該督等始雖失於防範，終能辦理妥善，不失國體，而免釁端，朕頗喜悅。」[23]而且，皇帝還以為一切又可以照舊，無須變通了。他指示：「英吉利夷人與內地通市，向來不通文移。然必須有統攝之人專理其事。著該督等即

---

21 同上書，頁129。

22 同上書，頁132。

23 轉引自《中國近代史資料叢刊·鴉片戰爭》第一冊（上海市：上海人民出版社，1957年），頁366。

飭洋商等令該散商等寄信回國，派另大班前來，管理貿易事宜，以符舊制。」[24]

但是，這一事件對中英關係的緊張、惡化與破裂起著關鍵的作用，中華帝國的前途隱伏著極大的危機。

十九世紀以後，開闢遠東市場是英國資本主義發展的必然趨勢，中英貿易迅速增長。但英國人到中國來做生意，受制於清朝政府的閉關鎖國政策。他們不能自由地選擇貿易對象，必須通過行商，價格由其操縱，除了廣州他們不能到沿海其它口岸進行交易；他們不能自由雇用中國人做通事、買辦和僕役；日常用品不能直接購買；行動步步有人跟隨；有事不能直接向官方申訴，加以海關管理混亂，作風腐敗，營私舞弊，陋規繁多，勒索無已，使本來不算高的稅率變相增加。這一切使他們十分不滿。他們除了用走私、行賄去破壞清政府的貿易政策外，更希望通過適當的途徑，比如用外交談判與中國皇帝訂立商約的辦法，來改善通商條件。但現在，他們對這一點感到從來未有過的失望。他們說：「在《大清會典》裏，我國是與高麗、暹羅等國列在同等地位的，只要我們仍被作為中國的封臣和諸侯中的一員看待，向他們建議訂立平等互惠條約，或要求他們給我們的公使或商人以比過去更好的待遇，終是枉費心機。」[25]

除了對清政府的貿易改善感到失望外，他們更因為被清政府所輕視而惱怒。律勞卑在離開廣州時向廣州的英國人寫了一封公開信，信中說：「……由於中國軍隊的壓迫，也由於施加於英國商人身上的凌辱，現在我們就要離開此地。總督的措施損傷了與中國皇帝同樣神聖的英國皇帝的尊嚴，現在他可以隨意地採取勇敢的行動。英國皇帝懲

---

24 轉引自《鴉片戰爭前中英交涉文書》，道光14年（1834年）第五十五號，頁21。

25 轉引自廣東省文史研究館譯《鴉片戰爭史料選譯》（北京市：中華書局，1983年），頁22-52。

罰總督的時刻總有一天會到來的。」[26]

　　外國人在廣州創辦的報紙《澳門月報》（即《中國叢報》）對此發表了大量激烈的評論，抨擊清政府的封閉、落後、自大和愚昧，大造侵華的輿論，迅速影響了英國人的思想。他們說：「中國皇帝狂妄地自認為他和他的子民都是比別國君王子民高一等的，我們不能不認為必須對這種妄自尊大行為作堅決的駁斥和打擊。」[27]他們抨擊清政府的通商法律是不公正的，因此他們沒有義務去遵守它：「中華帝國像其它國家一樣，有制定他們自己法令的權利，但任何國家也沒有權利絕對排外和閉關自守。」同上。按照這個邏輯推論，他們便認為發動一次通商戰爭迫使清廷屈服是正確的。他們說：「從這些事實裏，我們可以得出好幾個重要的結論：第一個結論就是，我們不能通過辭謙語卑的稟帖取得什麼，如果我們要和中國訂立一個條約，這個條約就必須是在刺刀尖下，依照我們的命令寫下來，並要在大炮的瞄準下，才發生效力的。」[28]律勞卑策動兩隻小型軍艦順利通過虎門要塞直達廣州城下的經歷，增強了他們武裝干涉的信心和決心。他們說，中國雖然土地廣闊，擁有三億六千萬人口，卻是極其衰弱的，這種衰弱，也是中國政府所洞悉的。因此，只要能夠太平無事，清政府就會不惜犧牲一切，以保這個外強中乾的局面。對於道光皇帝的軟弱性格，他們竟也摸得一清二楚。他們說：「道光，中國目前的皇帝，秉性極其和平，他很不願意把對外貿易擴大，但是如果……擺在他面前的除了勉從我們的建議外別無他路可走，我們深信他是會從容地向表面上的必要低頭的。」[29]看來，他們努力收集情報和研究中國問題的結果，

---

26 轉引自陳舜臣著《鴉片戰爭實錄》（北京市：中國友誼出版公司，1985年），頁49。

27 轉引自廣東省文史研究館譯《鴉片戰爭史料選譯》（北京市：中華書局，1983年），頁22-52。

28 同上。

29 同上。

已把清政府的虛弱無能、色厲內荏的本質瞭解得十分透徹，說起來一針見血，入木三分。因此，他們提出不需大動海軍，也不需多費錢財，只需要幾隻中等和小型的軍艦，由一個志堅意決的人率領著，並帶著一份擬就的要清廷簽字的條約稿本直接到北京去便成。

律勞卑事件使中英關係出現了從未有過的緊張局勢。鴉片商人乘機叫囂發動戰爭，即使不願訴諸武力的人，也認為應該採取強有力和有決定性的辦法來對付這個「高傲的、半開化的、專制的中國政府」。這樣，英國政府中的侵華分子便有了戰爭的藉口，加緊了侵華的步伐。五年之後，鴉片戰爭就爆發了。

鴉片戰爭固然是西方資本主義國家擴張政策的必然結果，但清政府由於不諳世界大勢，固守「華夷觀念」，沒有處理好外貿、外交關係，又暴露了海防空虛的軍事弱點，而終於使中國近代的對外開放失去了主動權，出現了被迫、被動和痛苦的過程。這個歷史教訓是值得我們思考的。

十九世紀中葉中英衝突的由來及結果

十九世紀中葉，英國工業進入了飛躍發展時期，為了開闢市場和尋找原料供應地，英國政府加緊對東方進行侵略，導致了中國和亞洲其它國家相繼發生了許多重大事件。此時，馬克思和恩格斯因歐洲一八四八年革命的失敗而流亡倫敦與曼徹斯特，他們一邊認真總結無產階級革命運動的歷史經驗，一邊繼續以英國為主要對象研究資本主義的生產關係。為了全面認識資本主義，必然要聯繫它侵略殖民地的歷史，而且把世界的東西方聯繫起來考察是馬、恩研究工作的一貫做法，也是他們的特點和優點。所以，他們主要從事政治經濟學研究的同時，十分關注東方。從一八四七年開始，他們就不斷發表論述中國

的文字了。特別是在第二次鴉片戰爭期間，他們寫下了十多篇專門論述英中衝突的文章，以時評的形式發表在《紐約每日論壇報》上。這些文章是馬克思和恩格斯所寫的有關中國問題的一百二十多篇文章中，最為集中地反映了十九世紀英中關係的著作，其中所表述的有關西方殖民擴張和東方民族運動的觀點，豐富了馬克思主義的理論寶庫，是馬、恩在這一時期取得政治經濟學光輝研究成果之外的另一些引人注目的篇章。

馬、恩關於第二次鴉片戰爭的論述，是順應著戰爭的進行而隨寫隨發的。一八五一年一月和三月所寫的〈英中衝突〉和〈英人在華的殘暴行動〉，是針對戰爭起因「亞羅號事件」而寫；一八五七年四至五月發表的〈英人對華的新遠征〉以及〈波斯和中國〉，是針對戰爭的進程而寫；一八五八年八至十月所寫的〈鴉片貿易史〉、〈中國和英國的條約〉和〈俄國在遠東的成功〉，是針對《天津條約》的訂立而寫；一八五九年九月和十一月又寫了〈新的對華戰爭〉四篇及〈對華貿易〉，指出戰爭擴大化的惡果。這些文章組成了馬、恩對第二次鴉片戰爭的完整看法，這對於我們深刻認識這次戰爭的起因、本質和後果有極大的幫助。

一

第二次鴉片戰爭是由「亞羅號事件」為導火線而引起的。西方資產階級學者對此事所作的評論，一般來說都認為「戰爭的直接原因，是中國人輕視了進行鴉片買賣的一隻小船上的英國國旗」[30]。但是，馬克思對這次戰爭的直接原因的分析卻與他們截然不同。

---

30 賴德烈：〈中國的發展〉，轉引自中國社會科學院近代史研究所編譯《外國資產階級是怎樣看待中國歷史的》上冊（北京市：商務印書館，1961年）

　　一八五六年十月八日，廣州發生了「亞羅」號船事件。這天上午，清朝水師登上了停泊在海珠炮臺附近的「亞羅」號走私船，以海盜嫌疑逮捕了船上十二名中國水手。「亞羅」號是一艘中國船，但曾經在香港注過冊，英國駐廣州領事巴夏禮抓住這一事件，乘機進行訛詐，他一口咬定船上的英國國旗被扯下，國威受到侮辱，藉此擴大事端。一八五六年十月二十一日，巴夏禮向兩廣總督葉名琛發出最後通牒。第二天，英國海軍上將西馬縻各釐率領軍艦越過虎門，向廣州進犯，第二次鴉片戰爭爆發。

　　「亞羅號事件」的消息傳到倫敦後，在英國國會中引起了激烈的辯論。一派認為「亞羅號事件」是一件損害英國名譽的嚴重事件，贊成以此為由向中國開戰；另一派雖然不同意濫用武力，但是對於大英國旗遭受侮辱一事，亦表憤慨。原因是，兩派在辯論中所依據的材料都是一樣的，即是以《關於在華侮辱的來往信件》為題的二十八件所謂中國人在一八四二至一八五六年間對英國人及其它外國人所犯暴行的記錄。英國首相帕麥斯頓為了給這次戰爭尋找理由，以逃避國內輿論的譴責，便抓住這些材料和「亞羅號事件」，作了不少蠱惑人心的演說，宣稱：「我們認為，我國備受欺凌。我們認為，我們的同胞在地球的遙遠地方遭受到種種侮辱、迫害和虐待，對此我們不能置之不理。我們認為，我國根據條約應享有的權利已遭到破壞」，「政府有責任保護海外同胞」。[31]

　　為了抨擊帕麥斯頓的這種戰爭叫囂，必須先弄清事情的真相。馬克思在一八五七年一月七日根據最新、最直接的材料進行分析，寫下了〈英中衝突〉一文。馬克思抓住了「昨天早晨由『亞美利加號』輪

---

31 馬克思：〈英人在華的殘暴行動〉，載於《馬克思恩格斯選集》第二卷（北京市：人民出版社，1972年），頁12-15。

船帶到的郵件」，這些郵件中有許多是關於英國人在廣州同中國當局
的衝突和海軍上將西馬糜各釐的軍事行動的檔。馬克思在仔細研究分
析了這些中英雙方的往來公函之後，得出了獨立的、鮮明的、公允的
結論：「在全部事件程序中，錯誤是在英國人方面。」[32]馬克思首先斷
定「亞羅」號不是英國船，因而不能指責中國人違背條約。他說：
「英國人硬說，造成衝突的原因似乎是某些中國官員沒有向英國領事
提出請求而自行登上了停泊在珠江江面的一隻划艇，強行帶走了幾名
中國罪犯，並且扯下了飄揚在划艇桅杆上的英國國旗。但是……領事
硬套用於這只划艇的條約規定，只適用於英國船隻，可是許多材料表
明，這只划艇從任何意義上來看，都不是英國的。」[33]馬克思還考究
出，這只船是「不掛任何旗幟下帆停泊在廣州的」[34]。這樣，「亞羅號
事件」就不是一件侮辱英國尊嚴的事件了，完全是中國的內政。顯
然，這是一個不折不扣的藉口。所以，馬克思說：「這場極端不義的
戰爭就是根據上面簡單敘述的理由而進行的，現在向英國人民提出的
官方報告完全證實了這種敘述。廣州城的無辜居民和安居樂業的商人
慘遭屠殺，他們的住宅被夷為平地，人權橫遭侵犯，這一切都是在
『中國人的挑釁行為危及英國人的生命和財產』這種荒唐的藉口下發
生的！」[35]然後，馬克思又指出，違背條約的不是中國人，而是英國
人，因為西馬糜各釐強行侵入廣州城的行為違反了一八四九年中英雙
方的協定。馬克思說：「這齣外交兼軍事的話劇就截然分成兩幕：在

---

32 馬克思：〈英中衝突〉，載於《馬克思恩格斯全集》第十二卷（北京市：人民出版
　　社，1962年）頁112-117。

33 馬克思：〈英中衝突〉，載於《馬克思恩格斯全集》第十二卷（北京市：人民出版
　　社，1962年），頁112。

34 馬克思：〈英人在華的殘暴行動〉，載於《馬克思恩格斯選集》第二卷（北京市：人
　　民出版社，1972年），頁13。

35 同上書，頁14。

第一幕中，藉口中國總督破壞一八四二年的條約，開始炮轟廣州；而在第二幕中，則藉口那位總督頑強地堅持一八四九年的協定，更猛烈地繼續炮轟。起先廣州遭轟擊是因為破壞條約，後來廣州遭轟擊是因為遵守條約。」[36]這些話鮮活地畫出了英國侵略者們蠻不講理的嘴臉。

　　為什麼英國要尋找藉口挑起戰爭呢？馬克思援引倫敦《泰晤士報》的觀點，揭穿了英國的侵略政策，指出其目的在於逼使清政府修改條約，以滿足他們的擴張野心。《泰晤士報》是這樣不打自招的：「由於這次爆發了軍事行動，現有的各種條約就此作廢了，我們盡可以按照自己的意願來安排我們同中華帝國的關係了。」[37]

　　《關於在華侮辱的來往信件》具有很大的蠱惑力，但它們卻是虛假的、站不住腳的。因為，它們只提到英國方面受到的所謂侮辱，卻沒有一件提到英國人如何在中國違反法律、進行毒品走私、販賣苦力等駭人聽聞的暴行。所以，馬克思還對資產階級新聞、宣傳機構的片面報導提出嚴厲的譴責。他說：「中國人針對英國人提出的每一件控訴，至少可以提出九十九件控訴。可是英國的報紙對於旅居中國的外國人在英國庇護下每天所幹的破壞條約的可惡行為是多麼沉默啊！非法的鴉片貿易年年靠摧殘人命和敗壞道德來充實英國國庫的事情，我們一點也聽不到；外國人經常賄賂下級官吏而使中國政府失去在商品進出口方面的合法收入的事情，我們一點也聽不到；對那些被賣到秘魯沿岸去充當連牛馬都不如的奴隸以及在古巴被賣為奴的受騙的契約華工橫施暴行以致殺害的情形，我們一點也聽不到……」[38]顯然，或者是別有用心，或者是西方資產階級的傲慢與偏見使他們不能對事情的真相進行客觀公正的報導。

---

36 同上書，頁113。

37 同上書，頁114。

38 同上書，頁15。

馬克思雖然也是一個西方人，但他不是一個普通的西方人，他是無產階級的偉大導師和智慧過人的學者，他那不帶任何西方偏見的頭腦、客觀公正的立場和實事求是的態度以及認真細微的作風使他敏銳地抓住了「亞羅號事件」中的幾個關節點，很快弄清了事情的真相，並有力地駁斥了帕麥斯頓的「侵華有理論」，旗幟鮮明地宣佈，戰爭的起因是英國政府捏造理由、挑起事端、用兵先犯、蓄謀已久，罪責完全在英國方面。並對英國政府以無中生有的藉口侵略一個和平國家的做法表示了極大的憤慨。

英國議會裏的一些有識之士，也紛紛起來揭露和抨擊內閣的侵華政策。例如，上議院的議員得比伯爵就曾經指出，亞羅號船「是由中國人建造、中國人俘獲、中國人出售、中國人購買的，船員是中國人，船歸中國人所有」。[39]另一位議員林德赫斯特也對英國公使包令明知故縱的訛詐行為提出憤怒的指責，痛斥他提出的口實是虛偽的，行為是可恥的。由於較多議員的反對，一八五七年三月下議院投票時以十六票之差否決了侵華議案，但堅持殖民政策的帕麥斯頓揚言「政府將訴諸全體國民」，解散了下議院，重新選舉。四十天後，英國又選出了一個擁護其侵略政策的國會，從而使侵華戰爭政策得以實施。

二

隨著戰爭的逐步展開，馬克思開始思索和探求引起英中衝突的更為深層的原因——英國對華貿易和鴉片貿易問題。一八五八年八月，他寫下了〈鴉片貿易史〉一文，一八五九年十一月，他又寫了〈對華貿易〉一文。

---

39 轉引自馬克思：〈議會關於對華軍事行動的辯論〉，載《馬克思恩格斯全集》第十二卷（北京市：人民出版社，1962年），頁149。

　　在〈鴉片貿易史〉一文中，馬克思追溯和論述了鴉片貿易產生與發展的過程和概況。他說，在一七六七年以前，由印度輸出的鴉片數量不超過兩百箱，是供醫療使用的，為中國法律所許可，後來，東印度公司開始插手鴉片貿易。一七九八年，東印度公司成了鴉片的生產者，壟斷了印度的鴉片生產和銷售。一八○○年，輸入中國的鴉片達到兩千箱。雖然中國政府一再下達禁止外國人輸入毒品的命令，但因為鴉片貿易已成為東印度公司的財政系統　不可分割的部分，英印政府在鴉片貿易上獲得暴利，所以英國人用行賄和走私的卑劣手法不斷破壞中國當局的禁令，使鴉片貿易的規模日益擴大。一八三四年，偷運入中國的鴉片達到兩萬一千多箱。這一年，東印度公司壟斷貿易的特權被取消，對華貿易完全轉到英國私人企業手裏，它們幹得非常起勁，不顧中國政府的抵制，在一八三七年使鴉片輸華達到三萬九千多箱。中國政府終於到了非立即採取堅決措施不可的地步，因為鴉片輸入而引起的白銀不斷外流，開始破壞天朝的國庫收支和貨幣流通。這些措施的頂點是欽差大臣林則徐到達廣州沒收和焚毀走私的鴉片。這成了第一次英中戰爭的導火線。

　　在回顧這一段鴉片貿易發生、發展的歷史時，馬克思分析說，當時的英中貿易主要是鴉片貿易，因為從一八一六年起，在英國對中國的出口貿易的每一個發展階段上，走私的鴉片貿易總是占著大得極不相稱的比例；而非法的鴉片貿易，又是英印政府的一項極為重要的財政收入。所以，當清朝採取斷然措施時，旨在維護鴉片貿易的對華戰爭便爆發了。

　　關於鴉片戰爭的起因，一向以來存在兩種不同的觀點。一種觀點認為，戰爭因鴉片而起，是為了維護鴉片貿易而發動和進行的；另一種觀點認為，戰爭是為了打破中國不正常的貿易形式——廣州一口通商制度。例如，日本陳舜臣先生在《鴉片戰爭實錄》一書中說：「在

日本世界史教科書中，有這樣的說法：『為了打破中國不正常的貿易
形式，藉口英國商人的鴉片被銷毀，英國對中國宣戰。』只能通過公
行的貿易形式是不正常的，但打破這一形式是否就是戰爭的真正目
的？事實真相恰好相反，迫使中國承認鴉片貿易才是戰爭的主要目
的，打破不正常的貿易形式不過是一個藉口。英國國會議員同意支出
戰費，絕不是為了打破『中華思想』這一目的，而是因為英國臣民的
財產──鴉片被沒收。總之，戰爭是為了鴉片的戰爭，打擊『中華思
想』和打破公行壟斷只是戰爭的結果。」[40]而我覺得，從當時的實際
情況來說，由於英國對華貿易在進入十九世紀後，主要是鴉片貿易，
這使中英通商史幾乎成了鴉片貿易史，所以打破一口通商制度與維護
鴉片貿易，兩者是很難分開的，這兩者都是戰爭所要達到的目的。強
調第一種觀點的人，著眼點在於指出戰爭的不正義性及其特徵；強調
第二種觀點的人，多是想避開「鴉片」這個不光彩的名詞以突出其歷
史的進步性。其實，在十九世紀，歐洲各國以地球為戰場進行的商業
戰爭，既有進步的一面，也有殘暴的一面。因用工業品打不進中國市
場，便動用了鴉片和大炮作為武器。向中國進攻的結果是既打破了清
朝的閉關政策，也迫使中國承認了鴉片貿易合法化。不論是工業品還
是鴉片，都是英國政府想要輸入中國的商品，從事鴉片貿易的港腳商
人與從事一般正常貿易的英國商人在使用戰爭迫使中國開放這一點上
利害是完全一致的，他們都希望通過戰爭達到他們的目的而對政府的
戰爭政策表示了支持。英國迫使中國簽訂的條約也反映了這兩種人的
利益。所以，馬克思並沒有把鴉片戰爭的起因和目的單純化，他在
《鴉片貿易史》中說：「英國以簽訂條約結束了旨在維護鴉片貿易而
發動和進行的對華戰爭。」而在《資本論》第一卷中又說：「……跟

---

40 〔日〕陳舜臣：《鴉片戰爭實錄》（北京市：中國友誼出版公司，1985年），頁2。

踵而來的是歐洲各國以地球為戰場而進行的商業戰爭。這場戰爭以尼德蘭脫離西班牙開始,在英國的反雅各賓戰爭中具有巨大的規模,並且在對中國的鴉片戰爭中繼續進行下去。」[41]這兩段話並沒有自相矛盾之處,而是從不同的角度論述了鴉片戰爭的原因和目的。從本質上說,鴉片戰爭是英國在全球發動的通商戰爭的一個組成部分,而在中國土地上進行的這場通商戰爭具有不同於其它國家和地區的特點,這就是以維護鴉片貿易為具體的直接的目的。因而,它比別的地方進行的通商戰爭更加殘酷和醜惡。

但是,指出鴉片戰爭的起因和目的並不是馬克思最想闡明的問題,指出鴉片戰爭沒有達到它的目的才是馬克思最想闡明的。

一八五八年,當英法聯軍逼使清政府簽訂了新的條約──《天津條約》的消息傳到倫敦後,英國社會普遍感到歡欣鼓舞,陶醉在從此可以大大擴充對華貿易的不切實際的幻想之中。針對這種盲目樂觀的情緒,馬克思向他們提出了一個值得深思的問題:通過戰爭所取得的特權──增開通商口岸和鴉片貿易合法化,就真的能大大擴充對華貿易嗎?這確實是個值得深思的問題!因為一八四二年的《南京條約》及其附約簽訂後,並沒有擴大英美對中國的出口,而只是加速和加深了一八四七年的商業危機。原因是條約引起了西方人對市場的幻想,因而拼命增加生產,而這個市場卻並不存在。

馬克思雖然反對西方國家用武力打開中國的大門,但他並不贊成中國閉關自守。他主張中英雙方進行和平、互利的交流,贊成擴大合法、正當的貿易。而且,他比當時一般人看得更深、更準。馬克思指出,過去有個時候,曾經流行一些十分虛妄的見解,說什麼由於打開

---

41 馬克思:《資本論》第一卷,載《馬克思恩格斯全集》第二十三卷(北京市:人民出版社,1962年),頁819。

了天朝的大門，美國和英國的商業一定會得以推進。這個見解是十分有害的，它使人們輕易地支持現政府的戰爭政策。他說：「商人們由於企望擴大交換範圍，極易於把自己的失望歸咎於這樣一種情況，即認為野蠻政府所設置的人為措施阻礙了他們。因此，可以用強力清除這些措施。正是這種謬見，在我們這個時代裏，使得英國商人拼命支持每一個答應以海盜式的侵略強迫野蠻人締結商約的大臣。」[42]

那麼，到底是什麼阻礙了對華貿易的發展呢？馬克思認為，對華貿易的障礙有兩個：第一，鴉片貿易的擴大，妨礙了正常貿易的發展。增加鴉片貿易是和發展合法貿易不相容的，中國人購買力有限，他們不能同時購買商品又購買毒品，所以只有取消鴉片貿易，才能擴大工業品的對華輸出。第二，中國自給自足的社會經濟結構對外國商品具有頑強的抵抗力，而這種封建自然經濟並不是靠英國發動的對華戰爭就可以打破的。一般人只看到清朝的閉關政策是對華貿易的障礙，而馬克思則認為這不過是表面的原因，而深層的原因則是中國的小農業與家庭手工業相結合的社會經濟結構。

馬克思通過分析對華貿易的兩個障礙，說明了發動這場造成千萬中國人家破人亡的戰爭並不能解決對華商品輸出問題，它不僅給中國人帶來災難，而且對英國人也不會帶來什麼好處，從而對英國政府的戰爭政策進行了有力的抨擊。

三

《天津條約》簽訂後，暫時出現了中外相安的局面。但是，在一八五九年六月英法公使由上海前去北京換約時，發生了「白河事

---

42 馬克思：〈對華貿易〉，載《馬克思恩格斯選集》第二卷（北京市：人民出版社，1972年），頁57-61。

件」，結果中外衝突重起，和平煙消雲散。馬克思把《天津條約》後發生的戰事稱為第三次對華戰爭。

　　為什麼在《天津條約》換約的時候又會節外生枝產生新的矛盾衝突呢？英國自由派報紙指責中國破壞條約，阻攔英國公使前往北京，並叫囂要報復。倫敦《每日電訊》寫道：「大不列顛應攻打中國沿海各地，佔領京城，將皇帝逐出皇宮，並得到物質上的保證，擔保以後不再發生襲擊」；「我們應該用九尾鞭抽打每一個敢於侮辱我國民族象徵的穿蟒袍的官吏⋯⋯應該教訓中國人重視英國人，英國人高出於中國人之上，應成為中國人的主人」。[43]馬克思駁斥了這些無恥的讕言。馬克思認為，英法公使不走陸路，而是帶領一支海軍遠征隊強行闖入白河，這本身就是一個入侵行為。清軍發炮還擊，是自衛行動，他們並沒有破壞條約，而只是挫敗了英國人的入侵。此外，馬克思還指出，戰事重起不是偶然的，白河事件是英國政府有預謀的行動，從而揭穿了英政府蓄意挑起戰爭的陰謀。馬克思說：「既然天津條約中並無條文賦予英國人和法國人以派遣艦隊駛入白河的權利，那麼非常明顯，破壞條約的不是中國人而是英國人。而且，英國人預先就決意要在規定的交換批准書日期以前向中國尋釁了。」[44]「白河衝突並非偶然發生的，相反的，是由額爾金勳爵預先準備好的。」[45]從馬克思的分析裏，我們可以看到科學的思維方法所產生的深邃的洞察力，是十分驚人的。

　　早在白河事件發生前一年，當英國由於從清政府那裏逼出了《天津條約》而到處受人祝賀的時候，馬克思就做出了與眾不同的判斷。

---

43 馬克思：〈新的對華戰爭〉，載《馬克思恩格斯選集》第二卷（北京市：人民出版社，1972年），頁41-86。

44 同上。

45 同上。

他指出，天津條約並不值得祝賀，因為實際上從這次海盜式的英中戰爭中取得實利的唯一強國是俄國，而英國根據條約所得到的商業利益是很微小的，同時，從政治觀點看，這個條約不僅不能鞏固和平，反而使戰爭必然重起。馬克思是怎樣得出這個不同凡響的結論的呢？他把《天津條約》的主要條款拿來仔細研究和分析。

首先，對於鴉片貿易合法化的條款，馬克思認為，在第一次鴉片戰爭後清政府雖然未曾明確滿足英政府關於「弛禁」的要求，在《南京條約》中沒有把鴉片貿易合法化寫進去，但是實際上卻默許了英國鴉片販子的走私活動，給了他們既不受法律制裁又不納稅的實惠。而現在把合法化寫進《天津條約》後，中國政府無論從政治上和財政上著想，都將准許在中國栽種罌粟，並對外國鴉片徵收進口稅。如果中國這樣做了，那麼印度的鴉片壟斷以及印度的國庫一定會受到致命的打擊，鴉片貿易很快會成為虧本生意，約翰牛的算盤將完全落空。

其次，《天津條約》關於中國應償付的商虧和軍費，兩項總共才一百三十三萬四千英鎊，而在一八四二年的條約中，中國皇帝卻應該償付四百二十萬英鎊。由上一次的四百二十萬英鎊外加香港，減少到這次只有一百三十三萬英鎊，畢竟不是一樁漂亮的買賣。因勒索得不夠多，滿足不了英政府的胃口。而且，這筆賠款還需要向廣東省去索取，無異於英國還需要再派五千名士兵去重新佔領廣州才能取到。佔領廣州將使英國人繼續耗費錢財，所以在英國人看來，這是空前未有的大錯。

再次，《天津條約》中涉及貿易的條款，並未向英國提供它的競爭者沒有享有的任何利益，而且這些條款在目前條件下只是空洞的諾言。比如，開放長江沿岸的各口，因它們處於太平天國的佔領之下，英國人實際上進不去。新增加的子口稅，使英國商人感到懷疑和不滿。

最後，外國公使進駐北京的條款，並不能增加英國對中國政府的

影響，相反的把中國推向俄國的懷抱，使俄國利用外交上的優勢和調停者的身份取得中國政府的好感，從而獲得了黑龍江沿岸大片領土及一切貿易方面的好處，而且還使俄國公使對北京政府的影響大大高於英國公使，野心勃勃的俄國在中國勢力的增強，將會使不列顛統治中國的夢想完全破滅。

根據以上分析，馬克思指出，由於英國政府感到從《天津條約》中獲得的利益太少，極力想利用換約的機會，進行新的勒索，所以戰爭的重起是必然的。果然不出所料，事變的進程，完全證實了這個看法。

那麼，英國政府擴大戰爭會獲得什麼後果呢？馬克思進一步分析說，九月中旬，過去叫嚷流血叫得最凶的《泰晤士報》和《經濟學家》的論調最近發生了急劇的轉變。前者說：「我們恐怕不能責備那些抵抗我們向白河炮臺攻擊的蒙古人背約。」過了幾天，又說：「毫無疑問，如果普魯斯先生和布林布隆先生懇請清朝官員護送他們進京，他們是有可能使這個條約獲得批准的。」[46]後者說：「既然敵對行動完全由我方發動，而且我們的司令官當然在任何時刻都能從中國方面只是為了保護炮臺才發射的兇猛炮火中退卻，那麼，我們就不能確證中國方面有任何背信棄義的企圖。」[47]它們開始對白河事件說些比較公允的話了，認為白河事件不成為戰爭的理由了。為什麼會發生這樣的轉變呢？顯然不是因為動了惻隱之心，而是因為他們害怕戰爭會影響對華貿易的正常進行。當時，英國除了它本身對中國直接貿易外，另外有其它三種重要的貿易與中國有關。這就是印度與中國、澳大利亞與中國、美國與中國之間的貿易。澳大利亞和美國從中國進口

---

46 馬克思：〈新的對華戰爭〉，載《馬克思恩格斯選集》第二卷（北京市：人民出版社，1972年），頁41-86。

47 同上。

茶葉和生絲，卻沒有什麼可以在中國找到銷路的貨物作為交換。於是澳大利亞向英國出口黃金，美國向英國出口棉花，再由英國從印度向中國輸入鴉片來填補這個差額。所以便出現了這樣的結局：英國對華貿易的任何嚴重停頓，將是一場很大的災難。英國工商業資本家對此憂心忡忡，有的議員在內閣會議上強烈反對戰爭，並使議會推遲了關於戰爭的表決。馬克思指出：新的侵華戰爭將會加劇英國的經濟和政治危機，使英國遭到巨大的危險，「最近、將來的結果必然是現政府的垮臺，因為該政府的首腦是這次對華戰爭的罪魁，而它的主要成員卻因為這次戰爭而對他們現在的首腦表示了不信任」。[48]

戰爭的後果正如馬克思所料，英國政府雖然又用新的戰爭逼使清政府訂立了《北京條約》，但英國國內的經濟、政治危機卻不斷加深和激化。十九世紀六〇年代，英國的對華貿易不僅沒有出現突飛猛進的奇跡，發展反而遲緩下來，鴉片輸入中國雖然有所增長，但主要是一些老牌的商行在操縱，中國因自給自足的經濟結構仍未打破，西方的紡織品和其它工業品沒有銷路，又由於其它地方的競爭，原本的絲茶貿易衰落了，再加上一八六〇年代世界性的經濟蕭條，這一切造成了中國東南沿海多家外國商行的衰落，靠鴉片貿易起家的英商顛地洋行在一八六七年的倒閉，更引起了軒然巨波。以追求展拓對華貿易為目的的第二次鴉片戰爭並未獲得它的發動者們所期望的結果。

《循環日報》的創辦與西學在嶺南的傳播

鴉片戰爭前的八十多年裏，由於廣州一口對外通商，廣州成為西方文化進入中國的唯一通道。以廣州為中心的嶺南地區得洋氣在先，

---

48 同上。

接觸西學比內地早，思想比較開放。鴉片戰爭爆發以及其後一系列的反侵略鬥爭、條約口岸的開放等因素，造成了嶺南地區此後幾十年對外貿易的低落，發展比上海、天津緩慢。而與之相連的中西文化交流也受到較大影響。有學者提出，這個時期嶺南文化形態是封閉的。積極進行中外文化交流的人物，不能在廣東省內有所作為。如洪秀全要到省外傳教；康有為要到上海買書；孫中山要到海外求學，這與廣東省內較為封閉的文化氛圍有著直接的關係。這個說法不是沒有道理。但是，文化封閉的嶺南何以產生如此眾多的維新和革命領袖？嶺南的「封閉」與中國內地的封閉有什麼不同？這是個值得深入探究的問題。

　　掌握史料對解決歷史問題十分重要。發現新材料往往是解決問題的前提和縮小分歧的途徑之一。近年，筆者在香港大學和香港中文大學作研究的過程中，看到了一八七四年在香港創刊的《循環日報》影印縮微膠捲，存報的日期為一八七四年二月至八月、一八八○年二月至一八八六年一月，計有近六年。《循環日報》是中國人自辦的第一份公開宣傳變法的報紙，而早期的報紙在內地已無存。這些早期《循環日報》是在英國、日本發現而複製回來的，對我們研究這一時段的歷史，無疑大有用途。筆者現據這些史料，試對《循環日報》創辦的背景和該報的內容進行考察，並就學術界頗有爭議的嶺南地區在鴉片戰爭後一段時期內，文化是封閉還是開放的問題提出一些意見。

一　《循環日報》創辦的背景

　　香港是中國近代報刊的發源地，鴉片戰爭後除西方人士在此地創辦多種報刊外，華人辦報也最早在此出現。十九世紀四○年代在香港

出版的報紙可以考查的據說有九種。[49]一八五三年後開始有中文報刊
出現，華人從參與編輯出版業務過渡到主持編輯出版業務。在《循環
日報》創辦以前，香港起碼已有四家中文報紙先後創刊。[50]《循環日
報》的開創性，不在於它是否第一家由華人當主筆的中文報紙，而在
於它是第一家由華人出資開辦的報紙。它的華資性質是該報創辦者一
再申明的最值得自豪的事情，也是他們為此而謹守的民族立場和自決
原則的基礎。

《循環日報》創辦於一八七四年二月四日（同治十二年十二月十
八日）[51]，在試刊期間所登的廣告和啟示中，一再說明該報「所有資
本乃出自我華人，與各家新報館有別」，「是報之行專為裨益我華人而
設」[52]，強調「我華人一心一德」共同辦好報紙的重要性。

這裏引證二則啟示：

> 謹啟者本局於月之中旬設立循環日報，皆係華人為之倡始。其
> 總司理為陳藹廷，正主筆為王紫詮，皆由同人所公舉，無非為

---

49 參見簡麗冰、朱陳慶蓮：〈香港開埠以來之期刊及報紙〉，載《馮平山圖書館金禧紀
念論文集》，1982年自行印刷，頁1。

50 此四家中文報紙是：《遐邇貫珍》，一八五三年九月三日創刊；《香港船頭貨價紙》，
一八五八年創刊；《中外新報》，一八五八年創刊；《華字日報》，一八六四年創刊。

51 關於《迴圈日報》的創刊日期：一九三二年，《迴圈日報》刊印了《〈迴圈日報〉六
十週年紀念特刊》，回顧了該報創辦和發展的經歷，但由於早年資料的缺失，錯把
創刊日期說成為同治十二年十一月十七日（即陽曆一八七四年一月五日），此後，
言者大都以此為據。一九八九年，國內學者夏良才訪問香港期間，在香港大學圖書
館借閱到該館從英、日等國複製的《迴圈日報》縮微膠捲，寫了〈王韜的近代輿論
意識和《迴圈日報》的創辦〉一文，載《歷史研究》1990年第2期。該文訂正了
《迴圈日報》的創刊日期為一八七四年二月四日（同治十二年十二月十八日）。至
此，《迴圈日報》創刊日期才得以真正確定。

52 〈本局日報通啟〉，載《迴圈日報》（影印縮微膠捲，中華印務總局王韜刊印。下
同，不再另注），1874年2月12日。

專益華人起見。蓋以近來各處日報雖亦以華字頒行，而要為泰
西人所開設，即延華人為之主筆，而措辭命意未免徑庭，且往
往束縛之使不得逞其胸臆。兼或操觚之士未稔西情，則又不免
詳於中而略於外，求其能合中西為一手者實罕其人。惟敝局現
設之日報悉由華人主裁，已延鴻才博學者四人為之廣加搜羅，
詳為翻譯，無非冀以廣見聞，通上下，佐中治，稔外情，詳風
俗，師技藝，俾利弊灼然無或壅蔽上尊……

癸酉嘉平月二十五日

中華印務總局值理人　馮明珊　梁鶴　巢陳瑞南同頓首[53]
啟者本局倡設循環日報，所有資本及局內一切事務皆我華人操
權，非別處新聞紙館可比。是以特延才優學博者四五位主司厥
事，凡時勢之利弊、中外之機宜，皆得縱談無所拘制……

甲戌年正月初一日
中華印務總局謹啟[54]

　　這樣的一張報紙之所以首先在香港出現，自有它的歷史必然性。
鴉片戰爭後香港的割讓，使西方文化率先進入此地區。而西方咄咄逼
人的侵略，也使居於此地的中國人最早感受到中華民族的危機而產生
禦侮自強思想。

　　《循環日報》是由香港中華印務總局創辦的報紙，而中華印務總
局的主創人黃勝則是與中國近代第一位留美大學生容閎、留英大學生
黃寬一道赴美的同學。一八四七年，西人在澳門（後遷香港）所辦之
馬禮遜學堂教師繆塞爾·布朗回美時，攜此三人到美留學，先到芒松

53　見《迴圈日報》1874年2月12日。
54　見《迴圈日報》1874年2月17日。

中學讀書。黃勝因身體健康不佳，一年後輟學回國，沒有能像容閎、黃寬那樣一直讀到大學畢業。雖然如此，但他所具有的英語水準及西方知識已使他能在香港西人所辦之文化機構任職。他先在《德臣西報》（China Mail）打工，後來又在英華書院印刷局任印務監督。他為英國傳教士理雅各翻譯中國經典當校對員而受到理雅各的感謝和讚揚，他曾參與香港第一家中文刊物《遐邇貫珍》的出版工作，他亦主持過香港《中外新報》的主編和經營管理工作。[55]所以在一八七一年倫敦會決定解散英華書院印刷局時，黃勝說自己已在此任職二十年。由於黃勝的身份和多年積纍的經驗和財力，使他得以組織幾個中國人集資兩萬一千元的鷹洋買下了印刷局的機器和鉛字，而於一八七三年創立第一所中國人自辦的西式印刷廠——中華印務總局。在中華印務總局印刷出版和代售的書籍中，中國古籍、西書譯本、時人政論、西方語言文化歷史地理政教風俗之書占絕大部分。他熱心於中國文化的現代化，曾為北京購買了大小鉛字兩副，親送到京，呈於總理衙門。當一八七四年《循環日報》創辦時，黃勝不在香港，正帶領第二批中國幼童赴美留學，但早在一年前醞釀辦報時，他是主持人之一。

　　《循環日報》的主筆王韜，原籍江蘇吳縣（今蘇州），早年在上海墨海書館任職十三年，主要工作是為西書的翻譯作中國文字的潤色和修改。時與西方傳教士多人相識，與英國教士偉烈亞力、麥都思、慕維廉等飽學之士友善，並視麥都思為「海外知己」。一八六二年，因有通太平天國之嫌受清廷通緝，逃亡香港。開始他幫助英人理雅各翻譯中國經典為英文，並因之而得到一個遊歷歐洲的機會，在蘇格蘭一住近三年，其間兩度赴法國。當時中國文人往西方者極少，而住下來進行學術研究與文化交流的更是沒有，所以王韜是近代第一個邁出

---

55 林友蘭：〈近代中文報業先驅黃勝〉，載《報學》1967年第3期第4卷。

國門的中國學者。一八七〇年二月他返回香港時，思想已發生極大變化，開始自己動手寫書著文介紹西學。他先著《法國志略》和《普法戰紀》，同時也為香港《近事編錄》、《華字日報》等報刊撰文，後來還擔任過一段時期的《華字日報》編輯。王韜於辦報不但熟悉且有獨到見解，他是《循環日報》的靈魂。在每期《循環日報》下均署有「中華印務總局王韜刊印」字樣。

輔助王韜辦報的其餘幾個人，除王韜的女婿錢昕伯為來港學辦報的浙江人外，均為廣東人。主要有番禺縣諸生洪乾甫、東莞人馮翰臣、番禺人洪孝充與郭贊生、南海人吳瓊波等，稍後，三水人胡禮垣（後為著名改革思想家）也擔任過一段時間的翻譯。[56]

由此可知，《循環日報》的創辦首先得力於嶺南有了一小群暸解西學的人才。沒有他們對西學的認識，便沒有創設現代報業的動議和決心，而對於外國事物的介紹，王韜認為自己是最有條件做好的，因為其它中文報刊的「操觚之士未稔西情，則又不免詳於中而略於外，求其能合中西為一手者實罕其人」，因此頗有「舍我其誰」的氣概。

另外，《循環日報》的創辦也與香港特殊的政治經濟環境有關。香港自鴉片戰爭後逐漸發展成為一個新興商港，西人開闢多條航線以擴大香港與中國沿海、東南亞、日本、歐美等地的交通貿易。出於商業發展的要求和英國管治的需要，報章雜誌不斷出現。且隨著商業的流通，報紙的銷路不錯，而其文化傳播功能和社會溝通作用也日益為中國有識之士所重視。加以港英政府初期的文化政策自由放任，思想鉗制比較鬆懈，辦報人竟可以在辦報宗旨上宣稱「凡時勢之利弊，中外之機宜，皆得縱談無所拘制」，以致華人辦報多選在香港而不在清政府統治下之廣州。

---

56 見《〈循環日報〉60週年紀念特刊》（香港：循環日報出版社，1932年），頁13。

　　粵、港、澳三地是相鄰的，當時香港、澳門雖然已割讓和租借出去，不屬於中國政府管轄，但三地的人民仍可以自由往來，且由於商業的發展，交通暢順。《循環日報》在廣東有九處訂售點[57]，廣東讀者要閱讀它很方便，所以就民間而言，鴉片戰爭後西學在嶺南的傳播並未停止，而是潛滋暗長。由於西方文化可以不受約束地從香港、澳門輸入，而兩地的中西文化交流，又比內地走得更快更遠，所以廣州吸收西方文化的管道不但沒有堵死，而且少受洋務派「中體西用」價值觀的限制。廣東官方封閉的意識阻止不住商業經濟發展所帶來的西方文化的衝擊，《循環日報》以商業行情為頭版，以新聞、評論為二三版，以廣告船期為末版的經營策略，既是以商業經營維持報紙生存的需要，也為商業帶動文化傳播打開了一條新路。在經過港、澳輸入的西方文化的直接薰陶下，嶺南成為維新和革命領袖輩出之地，其原因也就不難解釋了。

二　早年《循環日報》剖析

　　現存最早的《循環日報》是一八七四年二至八月的，亦即是創辦之初的六個月的。這頭半年，是主辦人王韜全力以赴投入辦報活動，且創造力異常旺盛的時期，《循環日報》的特點和風格發端並定型於此時。據說幾年以後，王韜興趣轉移，對辦報「意興闌珊」，把業務大部分交給了他的副手。一八八四年，他離開《循環日報》後該報的

---

57 《循環日報》1874年中多期均刊有「中華印務總局告白」，稱：「茲特於省會市鎮及別府州縣並外國諸埠，凡我華人所駐足者，皆有專人代理，如各行店及外埠士商欲惠顧本局新聞紙者，請赴就近代理人處先為掛號，自當如期送至決不有誤。謹將各埠代理人開列如左：粵東省城聯興街廣隆寶號，楊仁南廣記寶號，同安街永安信館，沙面瑞記洋行，澳門孖之臣蔡裕堂翁，人和公司陳瑞生翁，佛山公正市新廣記寶號，東莞城鐵鑊街勝聚寶號，虎門公盛米店……」總計在廣東的訂售點有九處。

影響更日趨下降。由此筆者特意選取一八七四年這一時段的報紙進行
研究，以觀察十九世紀七〇年代西學在嶺南傳播的情況。更兼十九世
紀七〇年代的中文報紙能留存至今的極少，這半年的報紙向我們提供
的嶺南地區史料也是極為珍貴的。

　　《循環日報》版式和欄目編制頗有中西合璧的意念。它的報頭橫
排，下面的出版日期分署西曆和中曆。先用小字排西曆，再用較大的
字把中曆排在正中位置。而當時的很多中文報紙包括著名的《申報》
仍未在報頭排上西曆，《循環日報》在曆法上注重中西對照，鮮明地
表現了該報的特點，具有世界眼光。

　　該報的第一版全是商業經濟行情，第一個固定的欄目是「香港目
下棉紗花疋頭雜貨行情」，詳列每日各類棉花、洋紗、原布、白洋
布、羽綢、剪絨、洋氈等貨物的市價。第二個固定的欄目是「各公司
股份行情」，羅列有香港上海銀行、於仁保險公司、中外保險公司、
香港黃埔船澳公司等二十家公司的股票行情。

　　該報的第二版是新聞，首為「京報全錄」，次為「羊城新聞」，第
三欄是「中外新聞」。《循環日報》對西學的介紹，主要集中在「中外
新聞」欄目裏。這個欄目的特點是信息量大，內容豐富，報導及時，
夾敘夾議。在文風上生動通俗，觀點鮮明。不少新聞在報導完事情經
過之後，加上幾句表達編者觀點的評議，作為點睛之筆，兼收開通民
智、影響輿論、淳風化俗之效。比如《循環日報》一八七四年五月二
十二日有一則報導說：「有華人某甲致書於《德臣西字日報》館曰，
吾近閱日報知華人每好出言無禮而呼西人曰『番鬼』，西人無不聞而
惡之。顧西人每謂華人之辮曰『碧爹勞』，譯即言『豬尾』。彼則呼人
為鬼，此則將人作畜，竊以為皆非所宜也……」末尾評論道：「嗚
呼，中外交際已三十餘年，而猶不能使之彼此相見以天，一泯其畛域
之思隔閡之見，是誠吾有所不知己。」

第三版續上版新聞佔了約半個版,另半版是「船期消息」與「電報」。

第四版全為告白。

在全報的四個版中,新聞約占一個半版。全報一萬八千字,新聞約占七千字。以商業帶動文化傳播的特點一目了然。在十九世紀七〇年代,不要說一般人士,就連提倡洋務的開明官員,對西方知識都是一知半解。曾國藩認為應向西洋效法的僅限於「船炮」,李鴻章也只限於科學技藝和一些輕工業與交通建設,對西方政教法制,茫然無知。而西國之一切學術常為中國恥笑。因痛感中國人對外國不瞭解而帶來的危害,《循環日報》對西方的介紹不遺餘力,上至天文,下至地理,聲光化電,無所不談。既揭露西方列強侵略中國的野心和手段,也稱讚西方思想解放、制度優越與科技先進。《循環日報》也很注意西人言論,不時加以選登,以收兼聽則明之效。

下面選擇三個方面來談談該報報導的西方事物和所持之觀點。

1.追蹤西方科技新成就,力倡學習西方最新技術,迎頭趕上世界先進水準。《循環日報》在是年六月一日報導了「美國新法水雷船」,六月二十二日報導了「法國火器精益求精」;六月二十四日報導了「英國炮臺新法」;六月二十七日報導了「英國新鑄大炮」,全是當時世界上最新的科技成就。在〈新法水雷船〉一文中,不但報導了這種新式武器的構造、性能與攻擊力量,並提供了製造廠家的地址:「美國於班布碌船澳新制一水雷船,現已竣工。廠名曰畏蘇威亞,係水師官葛地尼所創建。其船計長九十尺,闊二十二尺,艙深十一尺,可裝兩百四十一噸,中用暗輪兩個,機器之猛厲可抵三百六十匹馬力……人盡匿於船內,似聞可從水底遊行。雖製造之巧妙新奇尚未詳悉,而總之以遇金革事即至巨之鐵甲船亦無不可洞堅摧銳,誠戰艦中所從未

有也。」這些科技信息，對中國國防建設學習和趕上西方是十分重要和及時的。

　　《循環日報》在報導和盛讚西方先進技術的同時，常常流露出「中國仿行西法事事每虞不逮」的憂慮心情。七月七日的評論說：「泰西諸國新法迭出，日變而不窮，總以精益求精，奇益求奇，日臻乎上。慮一法之未善，惕他人之我先，其心思才力，鬥勝競巧，至有不可以擬議者，邇來槍炮變而戰艦亦變……反觀福州炮局所造火船，舊式為多……均當改制！」

　　當時中國的守舊派是非常反對效法西方的，經常用「靡費」一詞指責洋務派，以致中國在引進西方先進武器時總是縮手縮腳，只求價廉，不求物美。《循環日報》常借西人之口批評中國這種錯誤思想，指出這是中國在武器上終不能與泰西諸國並駕齊驅，而直接導致在戰爭中不能取勝的重要原因。七月二十三日《循環日報》轉載了《西字日報》一則報導，文中說：「中國炮舶永保駛往仰船洲，裝運火藥共計三千六百桶，重約八萬磅。船上有新法洋槍，然西國已以為舊制矣。唯華人見之則以為靈便異常，極能命中及遠，故是槍銷路遂廣。此由於華人不知精於選擇，初不知其貨之美惡，而但求其價之廉減。不知火器者三軍之所以託命，器精而利，於臨陣之時可以有恃而不恐，而制勝之券即操於此。」

　　2.對洋務運動有讚揚和批評。洋務運動到一八七四年已進行了十三年多。在這個開創階段取得成績不少，可檢討之處亦多。《循環日報》對洋務運動傾注了極大的期望，常撰文予以鼓吹，對其成績給予了肯定和讚揚，對其政策的缺失也直言不諱地進行了批評，並不失時機地提出建議，獻其所知。

　　一八七四年，上海第一家民用企業輪船招商局正在艱難創辦之際，《循環日報》不時刊登有關它的進展信息。五月十六日報導一則

令人興奮的消息：「招商局輪船將往來於日本。」文章說，從前這條
航線只有美國公司的一艘輪船行走，現在招商局分派火船走這條航線
運貨，使得對日貿易的華商減少滯留日本之憂，且與洋人爭利於外
洋，打破洋人壟斷航運的局面，「其利市三倍固可操勝而卜之」。六月
一日的消息對輪船招商局創辦的進步作用加以肯定，七月二十七日對
輪船招商局擴大業務至郵遞公文又加以報導和鼓吹，並提議：「若民
間信局亦由船舶代遞而官吏略抽經費以為津貼，一如西國驛務之法則
招徠必廣。」

　　架設電線是頑固保守勢力極為反對的事，認為有害於風水。《循
環日報》極力宣傳電報之利，不斷報導外國人在中國架設電線以獲取
利益，力主中國人盡快架設自己的電線。七月三日報導的「福州設立
電線」的消息說，由於日本發動了侵略臺灣之戰，福建省尤其處在扼
要地位，今聞閩浙總督李制軍首先倡設電線，由羅星塔至城中，於戰
事甚為有利。而由此可知，將來電報之設必可遍行於中國，這是形勢
所迫。七月十八日報導「福州所造電線，自羅星塔至城中督署，現已
蔵工」。八月八日報導「自吳淞口入上海所斷電線已行續好，可以傳
遞如常」。這些報導使中國官民漸知電報有益於軍國商旅之事，不再
由於愚昧而反對電信業的發展。

　　一八七四年七月八日，《循環日報》刊登了一長篇論說，對早期
洋務運動在製器、造船、練兵、海防幾方面空有其名而無其實的現狀
提出了尖銳的批評。文章的題目是〈書中外新報論中國後〉。文章提
出洋務運動中有四種弊端必須克服：一是採辦洋槍「人棄我取」，撿
別人淘汰的舊武器；二是各省防兵沒有汰虛額，核實數，操練營規未
變，弓矢刀矛未悉易以槍炮；三是海疆除天津外，魯江浙閩粵俱無重
險勁旅以資鎮守，海防空疏，危機四伏；四是中國仿造之炮艦只可用
於巡防緝盜馳遞驛文運糧運米，不足以抵禦外侮，「徒靡國幣數千萬

而西人觀之不值一噱」。該文還指出產生這些弊端的原因是「不能破除成見」、「因循玩愒坐誤事機」、「漠不關心袞如充耳」、「言之者有人行之者無人，即或行之而但得其一二未得其全也」。認為如能在鴉片戰後「亟從魏源之言而盡行之，何至有津門之辱和今日臺灣之釁」。這些批評一針見血，痛心疾首，但由於洋務運動終未能克服這些弊端，以致中國對外戰爭不能避免一敗再敗的結局。

3.「甲戌日兵侵臺事件」的連續報導引起國人關注邊疆危機。世界大勢和中外關係是《循環日報》關注的問題。一八七四年，中國對外交涉最重大的事件是「甲戌日兵侵臺事件」，時間從一八七四年五月七日日本陸軍中將西鄉重道率先遣隊登陸臺灣琅嶠社寮開始，到同年十月三十一日簽訂《中日臺灣事件專約》為止，歷時共五個多月。現存的《循環日報》雖僅有一八七四年二至八月的，但剛好是該事件的開始和中期，但我們從中亦可看到《循環日報》對此事報導之重視和評論之中肯精闢，在當時的華文報刊中罕與其匹，對中國社會產生了很大影響。以下略舉數例以茲說明。

早在日軍侵臺前，該報已開始連續刊登〈臺灣番社風俗考〉數篇，以引起人們對臺灣問題的注意。登在一八七四年五月十九日《循環日報》上的〈臺灣番社風俗考五〉已考到鳳山縣，文中說：「鳳山一縣更有所謂生番者，其居處飲食衣飾器用婚嫁喪葬皆與熟番不同，而其分社則無異也。」全文一千餘字。六月十八日有〈臺灣沿革考〉一文，細述臺灣從隋朝開始逐漸開發的歷史掌故，並向國人敘述了鄭成功收復臺灣的史實。這類介紹臺灣歷史和風物的文章現在可見的共十多篇，增強了國人對臺灣的認識和臺灣屬於中國領土的觀念。

自日本兵船侵入臺灣後，《循環日報》對中日軍事動向密切注意，報導甚多，每兩三天必有日本消息和臺灣消息。內容有「臺灣生番與日本兵士角戰」、「現日本兵士雲集於臺島之南約有三千」、「聞日

本火船雖重價購得而皆有名無實」、「現聞我國已簡遣欽使持節駛赴日本,大旨則請日國速撤師旅毋乖輯睦」、「聞有日本鐵甲戰艦駐泊於福州海口,窺其意將以杜遏我國援臺之師也」,等等。可以說,這些集中、連續和大量的報導,對吸引國人關心國事、瞭解時勢及調動人民的愛國熱情有著重要的作用。除了及時報導時事外,新聞評論也緊緊跟上。在現存的《循環日報》中,有關甲戌日兵侵臺的議論(包括轉載西人言論)便有〈西人論戰事之變〉(五月十九日)、〈論日本往剿臺灣生番〉(五月二十三日)、〈論日本使臣之言不可信〉(六月六日)、〈日本不肯撤兵〉(六月十八日)、〈論與日本交兵情形〉(六月二十日)、〈西字日報論日本伐臺之非〉(六月二十二日)、〈論李制軍籌辦臺灣近日情形〉(六月二十三日)、〈西字日報論中國保衛臺灣名正言順〉(六月二十三日)、〈議林華書館東洋伐臺灣論〉(六月二十四日)、〈論東洋伐生番〉(六月二十七日)、〈論日本之必可勝〉(七月一日)、〈字林日報論臺灣事〉(七月三日)、〈書中外新報論中國後〉(七月八日)、〈論鐵甲戰艦之足恃〉(七月二十八日)、〈西人甲乙論〉(七月二十八日)、〈西人論中國當與日本和〉(八月四日)、〈論日本舉事之謬〉(八月十日)等二十多篇。其中論點也頗有足取。如指出日本侵臺的口實沒有根據,揭露日本的野心,預料日本強大後極力向外擴張終成亞洲大患,痛論清廷自強之無實,等等。這些言論表現了論者憂心如焚的感情和洞若觀火的理智。

當時國人對報紙不甚關注,但《循環日報》創刊後,當年即有日本侵臺事件發生,《循環日報》無隱無飾、直言不諱的作風和客觀及時的報導,獲得了人們的喜愛,不但報紙的銷路打開,重要的是使國人漸知新聞之有益和輿論之重要。

三　《循環日報》在嶺南地區的影響

　　嶺南地區在鴉片戰爭期間及其後一段時間內，由於西方侵略者對廣州的蹂躪而產生的民眾抗拒西方的情緒及持久的官方控制，妨礙了廣府地區吸收西學。以官學為代表的政治文化表現了封閉的傾向。以報業言，西人在廣州所辦報紙從一八三九至一八四三年間幾乎全部遷往香港、上海；而在其後的四十年間，香港、上海中文報紙陸續刊行之時，廣州相對沉寂，直到十九世紀八〇年代中期才開始有人辦報，且動受官方指責與封禁。一八八三年十二月二十日，廣州市內出現了「私自刊刻的新聞紙」，南海、番禺兩縣即出示禁止。[58] 1884 年後，廣州好不容易有了中國人創辦的中文報紙《述報》和《廣報》。但《廣報》一直不見容於封建頑固勢力和當道者。一八九一年，因發表一條某政府大員被參的新聞，觸犯了兩廣總督李瀚章，被李下令封禁。封禁令指責該報「妄談時事，淆亂是非，膽大妄為」，並責成番禺、南海兩縣「嚴行查禁」。該報被迫遷往沙面租界，改名為《中西日報》。但是，官方文化封閉的政策阻止不住商品經濟發展所帶來的西方文化的流播，香港報紙隨著商品的流通進入了廣州，《循環日報》等報紙彌補了廣州在相當長的時期內沒有國人自辦的中文日報的空白。

　　《循環日報》是一張香港報紙，但奇怪的是它有「羊城新聞」專欄而沒有「香港新聞」專欄。筆者認為，這與當時廣州、香港之間密切而特別的關係相適應。當時香港是一個新開發的通商港口，又在英國的殖民統治之下，中國人除了生於斯長於斯的漁民以外，大部分是

58　方漢奇、谷長嶺、馮邁著：〈近代中國新聞事業史事編年〉，載《新聞研究資料》1981
　　年第4輯。

從廣東到香港謀生的商人和雇工，他們大多不在香港定居，只把香港
作為暫時居留的營商打工之地，而把廣州和內地作為真正的家園，家
屬和產業都留在後方。那麼對這些香港人來說，家鄉的新聞是他們所
關心的。另外，當時的政治文化中心在廣州而不在香港，報紙的讀者
群比較集中於廣州，也是開設「羊城新聞」的一個重要原因。由此可
見，《循環日報》雖然是一家香港報紙，但它與廣州的關係是十分密
切的，對廣東的影響也是相當廣泛的。

　　《循環日報》是一張在嶺南地區銷路不錯的報紙，它受到了知識
分子的歡迎。據說，康有為在廣州創辦「萬木草堂」時，學堂中就訂
有《循環日報》和上海的《萬國公報》供學生研讀。[59]《循環日報》
所宣傳的改革思想和辦報思想對康有為、梁啟超等有深刻的影響。清
代文字之禍，窮古未有，社會由是而葸儒成風，以明哲保身為要，以
無事自擾為戒，浸淫於人心者至深。王韜因應潮流，感發時勢，論政
言事，卻除忌諱，於報章中權衡國是，開文人議政之風。雖然王韜在
《循環日報》中常感歎人民無權過問軍國大事，但出於一種以天下為
己任的自覺性，對國家大事無不感奮激昂，勇於發表言論，以供當事
者採擇。在〈日報有裨於時政論〉一文中，王韜表明自己「以清議維
持國事」的志向時說：「慷慨談兵，激昂論政，熟刺外事，旁涉民
風，於歐洲列國情形，每娓娓而談必使竭盡而後已，高談雄辯，刊佈
馳行，位卑言高。吾束髮受書時固早以致君澤民為己任，乃既不獲如
志，悠悠忽忽以至日暮途窮而猶瞻顧彷徨。使生平之見解不得託諸空
言，身似寒蟬，豈非真負天地生我君師成我父母育我之德乎？」[60]其
時，西法模仿為政治中心問題，但士大夫無識，群儒迂陋，能知洋務

---

59 王庚武主編：《香港史新編》下冊（香港：香港三聯書店，1997年），頁505。
60 見《循環日報》1874年2月6日。

者絕少，且對中國之改革無根本之認識。王韜學貫中西，見識超卓，改革議論，震聾發瞶，在十九世紀七〇年代，是嶺南言論的重鎮，改革的先驅。其所撰政論，觀點新穎，議論精闢，文字雅達，為時人爭相閱讀。「國有大事，士林皆重其所出」，各地報紙樂於轉載。[61]康有為二十二歲時「薄遊香港」，見聞一變，時王韜正主持《循環日報》，又出版多種西書，更兼自撰的新書也很暢銷，康有為應有所披閱。康後來故見盡釋，思想一新，於一八八八年寫了「上清帝第一書」，其受王氏影響，當無可疑。戊戌維新時期，梁啟超辦報，更是以該報為樣板。他在〈創辦時務報原委記〉一文中說：「時務報籌創時，重要策劃人之一汪康年，曾力主辦日報，欲與天南遁叟（王韜筆名）一爭短長。」其實這個想法，梁啟超也一定有。可以說，《循環日報》對培養嶺南地區的一代革新人士是功不可沒的。

---

61 賴光臨：〈王韜與循環日報〉，載《報學》第9期第3卷（1967年2月）。

第三章
地域・思潮

香港與中國近代改革思潮

　　鴉片戰爭，清政府戰敗，割地賠款，香港成了英國的殖民地，這不是一件好事。但是，英國在香港的殖民統治，促使中國人在國土淪喪的恥辱中，不但認識了清政府的腐敗無能，也看到了富強的西方國家活生生的事實，感受到了中國和西方的差距，從而在自滿自大的迷夢中覺醒，在痛苦屈辱的現實中尋找振興中華的出路，這樣壞事又轉化為好事。近代中國，改革思潮一浪又一浪地撲面而來。而香港作為中國人探視西方文明的視窗，也就成了改革思潮的一個重要的萌生地。洪仁玕、王韜、康有為、孫中山……這些不同歷史階段改革思想的重要代表人物，都曾從香港獲得過啟示和靈感。而他們的努力，亦為中國重振雄風，最終收回香港作出了不可磨滅的貢獻。

一　中西比照下改革思想的萌生

　　如果說，鴉片戰爭的教訓仍不足以驚醒國人，那麼香港殖民地的存在，便像一根鋼針時時刺激著國人的神經。

　　本來，戰爭已經把中國的落後和積弱不振，暴露在世人面前。但是，戰後的北京，卻是一派苟安氣象：「議和之後，都門仍復恬嬉，大有雨過忘雷之意。海疆之事，轉喉觸諱，絕口不提，即茶坊酒肆之

中亦大書『免談時事』四字，儼有詩書偶語之禁。」[1]顯然，清朝統
治者並未從戰爭中吸取教訓，一切仍從舊章，不思改進，更無迎頭趕
上之意。

　　與此同時，香港卻是另一番景象：英國殖民主義者搬來西方那一
套管治方法，建立警察局、行政局、立法局，頒佈英國維多利亞女王
的《英王制誥》（即《香港憲章》），興建馬路、醫院、教堂、學校，
修築碼頭、貨倉，創辦報刊，編印圖書，改善衛生和居住環境，使這
個原本只有幾千人的地方在短短的二十年裏，發展成為擁有十多萬人
口、初具規模的商港。一位外國青年在一八五九年第一次踏上香港的
時候，對它作了這樣的描繪：「維多利亞（指香港）像海峽的哨兵一
樣，從海邊一直伸展到山上。山的四周矗立著歲月剝蝕的花崗石，構
成富麗堂皇的建築物的壯麗背景。坐落在山腰點綴著花園的高貴屋宇
是歐洲商人與官員的住宅和英國政府的官署。山上間有蔥翠小谷，一
些小山頂上蓋滿了亞熱帶的綠蔭。這個綠色島嶼一邊矗立著怡和洋行
大廈，另一邊則是密集的叢林。港內有無數的木船和歐洲輪船停泊，
那些在行駛中的船隻，往來交織，呈現了生氣勃勃的景象，使這個原
本是空曠磽薄的地方，提供了引人入勝美麗如畫的神韻。」[2]過了三
年，當另一位中國青年從長江口逃亡到香港避難時，面對這個南蠻之
地的變化也發出驚歎：「香港蕞爾一島耳，固中國海濱之棄地也。叢
莽惡石，盜所藪，獸所窟，和議既成，乃割界英。始闢草萊，招徠民
庶，數年間遂成市落。設官置吏，百事共舉，彬彬然稱治焉。遭值中
國多故，避居者視為世外桃源。商出其市，賈安其境，財力之盛，幾

1 《軟塵私議》，收錄於《中國近代史資料叢刊・鴉片戰爭》第五冊（上海市：上海
　人民出版社，1957年），頁529。
2 〔英〕吟唎著，王維周譯：《太平天國革命親歷記》（上海市：上海古籍出版社，
　1985年），頁1。

甲粵東。嗚呼！地之盛衰何常，在人為之耳。故觀其地之興，即知其政治之善。」[3]

鮮明而強烈的對比，使注重現實的中國人改變了對夷人的看法，承認西方之先進，希望用西方文明來改造中國的願望由此而產生了。這種改革的思潮分為激烈與平和兩種不同的傾向。

香港是反清思想的一個發源地。香港自從一八四一年被英國佔領以後，清政府便不能把它的統治力量伸展到這個小島，一部分與清廷離心離德的人便把這裏作為他們暫時脫離清朝統治的避難所。而西方政治的開放和自由不但使得人們自然地把香港和內地進行對比，也使得人們可以在此大膽地表達他們對清廷的不滿。在太平天國起義爆發時，英國人吟唎來到香港，便感到這種強烈的氣氛。他記道：「我正在看精彩的戲法表演時，一個身材魁偉顯然有錢的中國人走到我面前，向我說了一句『洋涇浜英語』。我靠運氣而不是靠理解力總算猜到他的意思是說，這個變戲法的很有本領，並問我喜不喜歡這套戲法。他又說了幾句同樣含糊的『洋涇浜英語』，他的朋友也一起插進來說話，使得談話更加含混不清，終於我明白他的意思是要請我去吃一頓中國的好飯菜。我沒有什麼事，又想趁這機會打聽一下中國的情況，就接受了他的建議，一同走進附近一家餐館。在那裏，我十分愉快地消磨了一些時光。我告訴這些中國人關於鐵路、氣球、海底電線等等的情況。他們也告訴我許多香港的生意經和中國政治的消息。我的朋友們一致大聲讚揚這個殖民地，說香港的一切都是呱呱叫，但對自己國家的情況和清朝政府，則激烈表示不滿。後來我要回去值夜班，只得匆匆離開他們。臨別時，我們互相祝福，其中最突出的一句

3　王韜：《送政務司丹拿返國序》，《韜園文錄外編》卷八，清光緒二十三年（1897年）長洲王氏上海重排鉛印本，頁216。

話就是『英國人刮刮叫，中國人呱呱叫』。」[4]顯然，這裏所說的「中國人」是把滿清統治階級排除了。

香港也觸發了晚清改革派康有為的「仿洋變法」思想。一八七九年，康有為第一次到香港，他看到英國人把香港治理得井井有條，十分驚訝，他明確地表示自己的感受說：「覽西人宮室之瑰麗，道路之整潔，巡捕之嚴密，乃始知西人治國有法度，不得以古舊之夷狄視之。」[5]他在香港偶遇任中國駐日公使館英文翻譯的同鄉陳煥鳴，並在他家裏看到了豐富的外國藏書。康有為還在香港購買了世界地圖，選購了一些譯本西書。香港之行，使他大開眼界。從此，他摒棄了夷夏大防的迂腐觀念，益發留心收集有關西方的書籍，隨著見聞增多，逐漸形成了「仿行萬國之美法」的改革思想。

而孫中山的革命思想的萌發，也與香港有密切關係。一九二三年二月二十日上午，孫中山應香港大學學生會的邀請，回母校作公開演講時說：「很多人問我的革命和現代化思想是從哪兒來的？答案是，從這個地方，這個香港殖民地。」接著，他提供了很有趣的細節。他說他三十多年前來到香港讀書，閒時總愛在街道上散步，因為一切是那麼井井有條，一切是那麼和平寧靜，大家各適其式而沒有任何紛擾騷亂。一旦放假回到香山老家，馬上就換了一個天地，一切都是那麼雜亂無章，雞犬不寧。他把香港和香山作比較，兩地才相隔五十來英里，何以竟有天淵之別。經過研究分析，他認為關鍵在於兩地政府的管理方法不同。所以，有一次放假回鄉時就說服鄉耆模仿香港，先搞點小試驗，從清潔鄉里街巷開始。於是他獨自掃街，不久就有很多年

---

4 〔英〕吟唎著，王維周譯：《太平天國革命親歷記》（上海市：上海古籍出版社，1985年），頁10。

5 康有為：《康南海自編年譜》，收錄於《中國近代史資料叢刊‧戊戌變法》第四冊（上海市：神州國光社，1953年），頁115。

輕人來參加。接著他提議建築一條小道與鄰鄉連接起來。鄉者同意
了，但表示沒有經費，他就與青年夥伴們自己動手，但走出鄉界，麻
煩就來了，迫得停工。於是他跑去見縣官，縣官很同情他的主張，並
答應他下次放假回鄉時予以援助。但等到他再放假回鄉興沖沖地跑往
縣城時，發覺已換了縣官，原來有人花了五萬塊錢買通了他的上司而
取代了他的職位。結果孫中山欲在其鄉搞個香港試點的宏願就付諸流
水了。這個經驗讓他領悟到，光有管理方法是不夠的，還需要有一個
廉潔的政府。於是就把香港政府和香山政府作比較，發覺廉潔在前者
是普遍現象，在後者則屬例外。他覺得省政府肯定要比縣政府好，於
是跑到廣州考察，又發現官階越高，貪污越大。他不服氣之餘，認為
中央政府肯定要比地方政府廉潔，否則怎成世界？於是他跑到北京考
察，發現那兒的貪污比廣州厲害何止百倍！於是他下定決心，要把全
中國變成像香港那樣廉潔安寧有秩序。於是他開始研究英國史，發覺
幾百年前的英國曾像廣州那樣黑暗殘酷，但英國人奮起而改變之。這
就給了他很大的啟發和勇氣。「英國人能辦到的，中國人肯定都能辦
得到。」於是他下定決心，要改變中國政府。[6]

二　英國模式對改革思想的影響

　　香港移植了英國的政治、經濟和文化模式，中國人在自己的家門
口就能比較真切地觀察、比較直接地感知英國資本主義社會的一些運
作方式，這對中國人學習西方帶來了方便，而在香港華人中萌生的改
革思想也含有較多借鑒英國模式的成分。

　　一八五二年，太平天國起義後不久，逃避清廷迫害來到香港的洪

6　黃宇和：〈孫中山的中國近代化思想溯源〉，1996年11月討論會論文。

仁玕在香港接受了基督教的洗禮而正式成為基督教徒。從一八五四至一八五八年四年中，他與英國倫敦會著名傳教士理雅各共事三年，與湛馬士共事約一年。除從事傳教事務外，還努力學習西方的科學文化知識。據《洪仁玕自述別錄之一》載：其時，他在「洋人館內教書、學天文、地理、歷數、醫道，盡皆通曉」。洪仁玕認為英國「今稱為最強之邦，由法善也」，從此奠定了他效法英國進行改革的思想。一八五九年春，洪仁玕離開香港前往太平天國的首都天京，向天王洪秀全進呈了他的建國方策——〈資政新篇〉。在這篇文章中，洪仁玕將自己在外國傳教士處學到的知識加以消化，變成具體的建議，供洪秀全裁定。〈資政新篇〉是近代中國第一個提出全面學習西方，改革中國政治、經濟、文化的治國方案，是鴉片戰爭後二十年間中國人向西方學習的最豐碩的收穫。從整體來看，它的改革主張主要是以英國為模式的。「以風風之」、「以法法之」和「以刑刑之」三條主要改革措施中，每一條都注入了學西方、主要是學英國的內容。

　　比如，在「風風類」條中，洪仁玕把開民智、新民德作為改革的思想前提和改革的重要內容。他說：「革之而民不願，興之而民不從，其事多屬人心蒙昧，習俗所蔽，難以急移者，不得已以風風之，自上化之也。」即應該從上而下提倡表揚美德善舉，批評鄙棄可恥之行，培養優良的道德風尚，提高人們改革的自覺性和迫切感，使改革得以順利推進。他認為中國人崇尚虛驕、奢侈的習俗和強烈的物欲，價值觀很成問題，因而提出破除舊的價值觀，樹立新的價值觀。而新的價值觀便是以英國傳教士的價值觀為標準：「夫所謂上寶者，以天父上帝、天兄基督、聖神爺之風，三位一體為寶。一敬信間，聲色不形，肅然有律，誠以此能格其邪心，寶其靈魂，化其愚蒙，寶其才德也。中寶者，以有用之物為寶，如火船、火車、鐘錶、電火表、寒暑表、風雨表、日晷表、千里鏡、量天尺、連環槍、天球地球等物，皆

有奪造化之巧，足以文聞見之精，此正正堂堂之技，非婦兒掩飾之文，永古可行者也。」[7]即他認為，基督教是上寶，有用之物是中寶，驕奢之物是下寶。他還用了很多的篇幅說明基督教的好處。他說，英吉利為最強之邦，花旗邦（美國）禮義富足，兩邦皆以天父上帝、耶穌基督立教。另外，德國、法國亦是信上帝、基督之邦，邦勢亦強；而土耳其邦不信耶穌基督為救世主，仍執摩西律法，不知變通，故邦勢不振，俄羅斯邦百餘年前亦未信天兄，受人欺侮，後來大興政教，今亦為北方冠冕之邦也。他又列舉了亞洲的一些落後國家，如波斯、馬來西亞、蒙古、新加坡和印度等，因為信仰伊斯蘭教和佛教，拜偶像，故其邦多衰弱不振。所以他說，從世界的範圍來看，基督教是強國的宗教。既然基督教與國家富強有直接的關係，所以中國也必須信仰耶穌。他又從中國的情況來分析，認為中國國民素質低下，風俗澆薄，需要一種宗教提高人民的精神道德，而由於中國原有的儒、釋、道三教不能擔負起這個任務，所以他提出了以基督教作為提高人民精神道德的法寶。他說：「釋聃尚虛無，尤為誕妄之甚；儒教貴執中，罔知人力之難，皆不如福音真道，有公義之罰，又有慈悲之赦。」[8]也就是說，洪仁玕把信仰基督教作為挽救人心風俗敗壞的法寶，富國強兵的捷徑。希望藉此振奮人民的精神，推動中國前進。

　　在一個文化大系統中，精華和糟粕往往並存。中國人在學西方的過程中，開頭是不可能很清楚地分清什麼是對什麼是錯，什麼有用什麼沒用，什麼適合什麼不適合中國國情，只能在不斷的探索中改正錯誤拋棄廢物，洪仁玕學習西方宗教便是一例。由於洪仁玕看到西方富強之邦皆信耶穌基督，便認為立耶教與致國強有必然的聯繫。另外，

7　洪仁玕：〈資政新篇〉，載於《太平天國史料》（上海市：開明書店，1950年），頁30。
8　同上書，頁31。

他在與傳教士的接觸中，也知道耶教是勸人向善、提高道德水準、安定社會人心的思想工具，認為不妨吸收利用。這個出發點，無疑是好的。況且，洪仁玕接觸西方思想雖然是從基督教開始，但他並沒有停留在學習西方宗教上，而是不斷地擴大其學西方的內容。從宗教而至科技、軍事、政治、法律、經濟等等，說明他向西方尋找真理是有一個過程的。而在這個過程中，英國模式對他產生了極大的影響。

　　十九世紀七〇年代以後，在日益加深的民族危機面前，一批早期的維新人士努力探求中國之所以落後，西方之所以先進的原因時，開始陸續地、或多或少地提到了發展資本主義商品經濟的重要性。王韜一八七四至一八八四年在香港主辦《循環日報》，鼓吹變法自強，他以英國為例指出發展資本主義工商業對國家強盛的重要作用。他說：「英之立國，以商為本。」[9]英國商人主要從事對外貿易，以貴徵賤，取利於異邦，而納稅於本國，因而導致國富兵強。王韜認為富是強的基礎，應「先富而後強」。而求富則必須「興利」，在「興利」方面，他又提出了發展資本主義工礦業與交通運輸業的問題。他說，興利之法有開礦、煉鐵、鬮煤、開五金、用機器織布、修鐵路和造輪船等。他認為中國應大興工商之利，以華商分西商之利，然後開闢海外貿易，打開國際市場，與列強爭勝。在變革封建專制制度方面，王韜對比西方三種不同的政體後，提倡仿傚英國式的資產階級君主立憲政體，他說「試觀泰西各國，凡其駸駸日盛，財用充足，兵力雄強者，類皆君民一心，無論政治大小，悉經議院妥酌，然後舉行」；「泰西立國有三：一曰君主之國，一曰民主之國，一曰君民共主之國」。[10]「君

9　王韜：《韜園文錄外編》卷4《英重通商》，清光緒23年（1897年）長洲王氏上海重排鉛印本，頁109。

10　王韜：《韜園文錄外編》卷1《重民》（下），清光緒23年（1897年）長洲王氏上海重排鉛印本，頁23。

為主，則必堯舜之君在上，而後可以久安長治；民為主，則法制多紛更，心志難專一，究其極，不無流弊。惟君民共治，上下相通，民隱得以上達，君惠得以下逮，都愈籲佛，猶有中國三代以上遺意焉。」[11]他認為，君主立憲政體是英國富強之本，立國之本。中國只要借鑒英國進行改良，便可達富強之境：「英國所恃者，在上下之情通，君民之分親。」[12]「由此觀之，中國欲謀富強，固不必別求他術也」，只要與民「共治天下」，就能「地有餘利，民有餘力，閭閻自饒，蓋藏庫帑無虞匱乏矣」。[13]王韜的主張，直接影響了二十年後的中國資產階級維新派。

三　八面來風和取法乎上

香港是個自由港，香港的英國殖民政府對各種文化思想一般採取不干預的政策，允許不同的文化共存。海風把異國帆檣吹送到香港的同時，也把各地的文化思想帶到這個地方。在港華人便可利用這種條件多方瞭解各國情況，選擇最先進、最適合中國國情的改革方案。

孫中山的三民主義思想是中國近代改革思潮的高峰，是他學習和消化了西方各國社會政治學說的精華而提出來的一個「取法乎上」的改革方案。它的形成和提出，與香港也有一定的關係。

一八九二年，孫中山在香港西醫書院讀書時，便結識了一群具有反清思想的人，如陳少白、尤列、楊鶴齡以及輔仁文社骨幹分子楊衢雲、謝纘泰等。這些受到西方思想影響而起來反清的激進人士在香港

---

11 同上書，頁23。

12 王韜：《韜園文錄外編》卷4《紀英國政治》，清光緒23年（1897年）長洲王氏上海重排鉛印本，頁107。

13 同上書，頁107。

的出現，與香港特殊的地理位置和它的政治特點有關。他們最早提出
了「驅除韃虜，恢復中華」的民族主義思想。在中國近代史上，把反
清思想與創立合眾政府的民主主義思想結合在一起，是由興中會的誓
詞最早提出的。對於革命後建立民國的目標，楊衢雲比孫中山更為堅
定和明確。楊衢雲少年時便在香港學習機械和英文，對西方作品有廣
泛的閱讀，他在談起革命理論和歷史時，以權威自居，據說他在這些
題目的討論中處於支配地位。楊衢雲的性格、抱負和所受的教育與孫
中山有相似之處。據孫中山自己的回憶，楊衢雲曾與他就這個問題進
行過激烈的爭論，而楊衢雲堅定的主張對他有深刻的影響。孫中山曾
對《大同日報》的編輯劉成禺說：「予少年主張，謂漢人作皇帝，亦
可擁戴，以倒外族滿清為主體。楊衢雲與予大鬧，幾至用武，謂非民
國不可。衢雲死矣，衢雲死矣，予承其志，誓成民國，帝制自為，予
必討之。」[14]這個早產的民主主義思想當時只有少數革命黨人有清楚
的認識，而大多數參與革命的群眾則仍是「反清復明」或「反清興
漢」。即使在一九〇〇年後，日本留學界中有巨大影響的章太炎提出
反滿論時，對於民主主義也是很少提及。由此可見，孫中山民主主義
的提出得力於在香港一群同道者的影響。但孫中山所要建立的民國，
不是英國式的，而是美國式的。一九〇三年，孫中山十分明確地指出
了革命後要建立的是「民國」，而這個「民國」便是效法美國選舉總
統，廢除專制，實行共和。他所制定的「民主共和」制度的幾個原
則：主權在民、議會制度、立憲制度，都是參照美國的政制得出的。
這是孫中山比較了各國政治的優劣而提出的一個「取法乎上」的主
張。當時改良派認為，民權使權傾於下，君權則使權傾於上，只有君

---

14 劉成禺：《先總理舊德錄》，收錄於章開沅主編：《辛亥革命史》上冊（北京市：人民
　　出版社，1980年），頁95。

民共主、君主立憲最為適中，而且社會進化要一步步來，不可躐等。孫中山不同意這種觀點，他認為，學外國要取法乎上，要選擇地球上最文明的政治法律來救中國。民主共和制度是現時世界上最先進、最文明的制度，我們要改革，定要學習西方的民主共和制度。民生主義則是孫中山敏銳地抓住了世界潮流，把革命後如何建設一個源於歐美、高於歐美的新型國家制度的問題仔細加以考慮後提出的。一九〇五年冬，香港《中國日報》發表了馮自由撰寫的社論〈民生主義與中國政治革命之前途〉，這篇洋洋兩萬多字的文章，在《中國日報》上連續登載了十多天才登完，後又轉載於美國三藩市《大同日報》和東京《民報》第四號，它是同盟會成立後闡明民生主義學說的第一篇文字。該文把人們的眼光引向世界，從世界革命的經驗教訓中吸取借鑒，避免歐洲因資本主義發展而出現的貧富懸殊不平等現象在中國出現，建設一個大多數人得享幸福的新社會。表現了作者對世界潮流的瞭解及對於人民大眾切身利益的關注。民生主義的積極作用是很明顯的，它的土地方案將會消除地主對土地的壟斷，為資本主義的發展提供有利條件，節制資本也有利於國家資本主義的發展，使私人資本和國家資本在各自的範圍內發揮作用。民生主義中蘊涵的對人民大眾利益的關心也將有益於社會矛盾的調和，走出一條中國式的資本主義道路。在當時的條件下，民生主義可以說是帶有理想化色彩最自覺、最激進的中國近代化方案。

　　由此可見，以香港為革命基地的資產階級革命派由於對西方的瞭解更多一點，也看得更遠一點。他們把中國和世界的思想聯繫向前推進了一步，使學習和吸收外國最先進的思想改造中國成為人們追求的目標，三民主義對中國人思想觀念的更新和中華民族的覺醒有極大的促進作用。

戊戌時期維新派對官僚制度的批判

　　戊戌變法時期，以康有為、梁啟超為代表的維新派把批判和改造「官制」視為變法之「本原」。梁啟超在〈論變法不知本原之害〉一文中指出：「變法之本在育人才，人才之興在開學校，學校之立在變科舉，而一切要其大成，在變官制。」康有為在答覆總理衙門大臣關於如何變法的詢問時把這個問題說得更加明確了。請看《康有為自編年譜》中的記載：「廖（壽恒）問宜如何變法，答曰：『宜變法律，官制為先。』李（鴻章）曰：『然則六部盡撤，則例盡棄乎？』答以：『今為列國並立之時，非復一統之世，今之法律官制，皆一統之法，弱亡中國，皆此物也，誠宜盡撤，即一時不能盡去，亦當斟酌改定，新政乃可推行。』」[15]這裏把官制必須全改的觀點及理由，都擺明瞭。誰都知道，維新派是企圖用和平的手段實行自上而下的政治改革，把君主專制政體逐漸地變為君主立憲政體，從而實現資產階級參與政權的目的。但在戊戌變法時期，他們認為馬上向皇帝提出君主立憲的要求，時機是不成熟的。所以，他們沒有把立憲法、開國會作為政治綱領，而只是提出了設制度局和改革官僚制度的要求。與封建君主專制相適應的官僚制度，是作為專制政體的一種配合物或補充物而產生的，是君主專制的基石。既然維新派把改變君主專制、實行君主立憲作為最終目的，那麼先提出官制的改革是順理成章的。

　　清末的官僚制度是在閉關時代形成的，其目的是為了統治人民和鎮壓人民的反抗，其手段是使社會各階層處於分散與隔絕狀態，禁錮他們的才智和進取精神。這樣的制度在「大地忽通、強敵環逼」的形

---

15 康有為：《康南海自編年譜》，收錄於《中國近代史資料叢刊‧戊戌變法》第四冊（上海市：神州國光社，1953年），頁140。

勢下，把中國深深地陷入任人宰割而無所作為的絕境，舊官制對中國社會前進的阻礙作用日益明顯。

維新派對官僚制度的批判和改造主要著眼於機構、人員、作風三個問題上。而在這些問題上，無一不表達出他們想參與政權、左右時局的願望。關於機構，維新派指出現行體制冗濫，機構重迭，辦事效率低。康有為上清帝書中反覆申明此意，他說：「六宮萬務所集也，卿貳多而無所責成，司員繁而不分任委，每日到堂，拱立畫諾，文書數尺，高可隱身，有薪炭數斤之微，銀錢分釐之所，而遍行數步者。」[16]「京官則自樞垣臺諫以外，皆為散客，各部則自主稿掌印以外，徒糜靡祿，堂官則每署數四，而兼差反多，文書則每日數尺，而例案繁瑣。」[17]「縣令之下，僅一二簿尉雜流，未嘗托以民治，縣令任重而選賤，俸薄而官卑，自治獄催科外，餘皆置之度外。其上乃有藩臬道府之轄，經累四重，乃至督撫，而後達於上。藩臬道府，拱手無事，皆為冗員，徒增文書費厚祿而已。」[18]梁啟超說得更為激烈：「中國舉國幾半冗員也，蠹民實甚。」[19]因此，精簡機構首先被提了出來。康有為把精簡機構的主張概括為六句話：「文書繁密之當刪，卿寺冗閒之宜汰，堂官數人之當並，兼差數四之宜專，吏胥之宜易用士人，百宮之宜終身專職。」[20]因為裁汰冗員能節約開支，附和維新的人又紛紛上折要求汰冗員，廢卿寺，所以這個建議很快被光緒皇帝採納，一八九八年七月十四日（農曆）上諭裁詹事府、通政司、光祿寺、鴻臚寺、太僕寺、大理寺，督撫同城的湖北、廣東、雲南三省巡

---

16 《中國近代史資料叢刊‧戊戌變法》第二冊（上海市：神州國光社，1953年），頁128。
17 同上書，頁150。
18 同上書，頁201。
19 同上書，頁82。
20 同上書，頁182。

撫及山東的東河總督也同時裁撤。維新派又鑒於機構的臃腫表現為上大下小，認為裁汰上層冗員的同時，還必須減少官階層次和充實基層，加強縣一級機構的實際辦事能力。康有為提出，把知縣以上的藩臬道府四級撤銷，使縣一級的奏報可直達省級，減少層次，提高知縣的官品為四品，慎選有實際能力的人擔任，知縣以下增設六曹三老，六曹長官由州縣進士擔任，三老鄉官由人民推舉，把那些不學無術的雜流置換下來，精簡機構與整頓雙管齊下，才能見效。但以上諸條，對機構的改革都不過是些小修小補，類似的改革方案在中國歷史上屢見不鮮。維新派機構改革的大手術在於設立新的機構和新的官職，這就是：設立制度局，作為商榷和施行新政的機關。制度局設於內廷，屬中央機構，是皇帝身邊的參謀。局內「妙選天下通才十數人為修撰，派王大臣總裁，體制平等，俾易商榷，每日值內，共同討論，皇上親臨，折衷一是，將舊制新政，斟酌其宜」。[21]局下設法律、度支、學校、農、工、商、鐵路、郵政、礦務、游會、陸軍、海軍十二局，分別掌管各個方面的變法具體事務。地方上則每道設一民政局，妙選通才，督辦地方自治事宜，民政局可專折奏事，體制與督撫平等，可以自闢參贊隨員，政府撥給經費以便創辦新政。每縣設民政分局，除刑獄賦稅暫時仍歸知縣辦理外，凡地圖、戶口、道路、山林、學校、農工商務等等皆由其次第舉辦。這個方案如果實施，雖然舊機構還暫時不動，但新機構取代舊衙門便成為不可避免的趨勢了。這是康有為通過新機構向頑固派爭奪權力的大膽嘗試，它馬上遭到了頑固派的反攻。於是，流言紛紜，京朝震動，外省悚驚，都說康有為要盡廢內閣六部及督撫、藩臬司道了。舊官僚惶惶不可終日，軍機大臣說：「開制度局，是廢我軍機也，我寧忤旨而已，必不可開。」他們以敷衍遷

---

21 〈傑士上書彙錄〉，轉引自孔祥吉《戊戌奏稿的改篡及其原因》，載《晉陽學刊》1982年第2期。

延相抵制，結果，康有為「所請選天下通才二十人置左右議制度一
條，乃改為選翰詹科道十二人，輪日召見，備顧問，於是制度局一條
了矣」；「所請開法律局，定為每部派司員，改定律例。夫司員無權無
才，無從定之，又非採集萬國憲法，與本意大相反矣」；「所請民政
局，則擬旨令督撫責成州縣妙選人才了之」。[22]在頑固派舊官僚的抵制
下，新機構的成立，實際上皆成虛文。

　　關於官吏的選擇和任用程序，維新派反對賣官鬻爵，反對以八股
取士，反對循資格用人。他們說：「州縣下民所待治也，兵刑賦稅教
養合責於一人，一盜佚、一獄誤，一錢用而被議矣，責之如是其重，
而又選之極輕，以萬餘金而賣實缺焉。」[23]因此，強烈要求「首停捐
納」。他們又批評政府舉官的方法和標準極其落後過時：「若吏部以選
賢才也，仍用銓敘，武舉以為將帥也，仍用弓石，翰林以儲公卿也，
猶講詩字。」[24]用這樣的方法選出的官吏，怎麼能勝任早已變化了的
國內外形勢的要求呢？他們還指出，循資格用人的結果，造成了執掌
要政的高官大吏皆為老朽的局面，這些人精力衰竭，循常守舊，死氣
沉沉：「尚侍督撫，非資深年者不得至，政繁事劇，精衰力頹，其於
世界新學，各國新政，翻譯新書，皆未暇講讀，遂至朦然罔知，無可
如何。其所謂才練公忠者，皆不出閉關之舊法，報之今日，若以車渡
水而扇禦寒也。」[25]況且循資格陞遷，只有利於平庸謹慎的人攀上高
位，得不到才智傑出的真才：「蓋循資格者，可以得庸謹，不可以得

22 《中國近代史資料叢刊‧戊戌變法》第四冊（上海市：神州國光社，1953年），頁
　　163。

23 《中國近代史資料叢刊‧戊戌變法》第二冊（上海市：神州國光社，1953年），頁
　　128。

24 同上書，頁128。

25 《中國近代史資料叢刊‧戊戌變法》第二冊（上海市：神州國光社，1953年），頁
　　242。

異才，用耆老者，可以得守常，不可以得應變。漢高之於樊噲，克城乃增爵級，其於韓信，一見即授大拇。同治中興諸臣，多出草澤，共明效也。蓋用人者，用其氣而已。」[26]維新派主張「惟才是舉」，「破除常格，不次擢用」，認為這是「大聖人用人之良法」。並提出選才的四個方法是：「一取於翰林」，把投閒置散而有真才實學的士人加以起用；「一取於薦舉」，令各級官員在民間廣泛搜羅和發掘人才；「一取於上書」，在審閱上書中發現人才；「一取於公推」，由士民推舉出公認有才能的人。一句話，擴大取材範圍，要在科舉之外選拔人才。更為新鮮的是求人才有了新標準，「懷抱熱血」、勇於任事、學貫中西的維新救時之才是挑選的對象。翰林院侍讀學士徐致靖在《保薦人才摺》裏是這樣推崇康有為的：「臣竊見工部主事康有為忠肝熱血，碩學通才，明歷代因革之得失，知萬國強弱之本原，當二十年前，即倡論變法。其所著述有《彼得變政記》、《日本變政記》等書，善能借鑒外邦取資法戒。其所論變法，皆有下手處，某事宜急，某事宜緩，先後次第，條理粲然，按日程功，確有把握。其才略足以肩艱巨，其忠誠可以托重任，並世人才，實罕其比。若皇上置諸左右以備顧問，與之討論新政，議先後緩急之序，以立措施之準，必能有條不紊，切實可行，宏濟時艱，易若反掌。」[27]撇開其中的溢美之詞，可以看到維新派人才標準的兩個要點：一是具有西方知識，二是具有改革思想。基於這個標準，維新派竟大膽地向皇帝提出：「大校天下官吏賢否，其疲老不才者，皆令冠帶退休。分遣親王大臣及俊才出洋，其未遊歷外國者，不得當官任政。」[28]這番議論，無異於在舊官僚群中投下了一顆炸彈！

---

26 同上書，頁172。

27 同上書，頁336。

28 同上書，頁194。

　　對於清末的官僚作風，維新派認為「尊隔」是最大的弊害。當時的情形是：「君與臣隔絕，官與民隔絕，大臣小臣，又相隔絕，如浮屠百級、級級難通，廣廈千間，重重並隔。」[29]皇帝對臣民有生殺予奪之權，而他與臣民的隔絕卻是最嚴重的：「皇上九重深邃，堂遠廉高，自外之樞臣，內之奄寺外，無得親近」，「小臣引見，僅望清光，大僚召見，乃問數語」，「每日辦事，召見樞臣，限以數刻，皆須了決」[30]，「召對者只限堂官，上奏者只許御史，外官司道以下，朝官京卿以下，不得上言」[31]。皇帝接見的人很有限，而接見的時刻又十分短促，加上天威嚴穆，被召見者「伏跪屏氣，敬候顏色」，不能暢所欲言。那麼，皇帝所瞭解的下情究竟能有多少？又怎麼能做出英明的決策呢？尊隔不僅使社會各階級階層分隔遠離，一盤散沙，而且使高踞於人民之上的整個官僚集團和人民之間的對立和衝突日益加劇，以致這個統治樞紐失去了調節社會機器正常運轉的功能：「今之知縣，品秩甚卑，所謂親民者也，而書吏千數人，盤隔於內，山野數百里，遼隔於外，小民有冤，呼號莫達，書差訛索，堂署威嚴，長跪問訊，刑獄慘酷，乃至有人命沉冤，鬻子待質，而經年不訊者。若夫督撫之尊，去民益遠，百縣之地，為事更繁，積弊如山，疾苦似海，漫無省識，安能發之奏章？況一省一人，一月數折，閉塞甚矣，何以為治？」[32]維新派認為尊隔造成了上下之情不通，不通則不能通憂共患以合天下之心志，不能集思廣益以致富求強，譬如人患咽喉病，飲食不下導，血氣不上達，則性命危殆。他們認為解決的辦法是，皇帝放

29　同上書，頁152。
30　《中國近代史資料叢刊・戊戌變法》第二冊（上海市：神川國光社，1953年），頁152。
31　同上書，頁241。
32　同上書，頁152。

下架子，打破等級觀念，增設訓議之官，廣開求言之路，儘量創造條件，使「人人得盡其言於前，人人得獻其才於上」。維新派對於西方的議會制度是十分嚮往的，嚴復認為「設議院於京師，而令天下郡縣各公舉其守宰。是道也，欲民之忠愛必由此，欲教化之興必由此，欲地利之盡必由此」[33]。梁啟超說：「歐洲各國……議政之權，逮於氓庶，故其所以立國之本末，每合於公理，而不戾於吾三代聖人平天下之議，其大國得是道也，乃縱橫汪洋於大地之中而莫之制，其小國得是道也，亦足以自立而不見吞噬於他族。」[34]由於維新派受到了西方議會制的影響，所以他們除闡發「下詔求言」、「闢館顧問」、「開府辟士」以通下情等老生常談外，還提出了「開門集議」、「設報達聰」等類似資本主義國家的做法。「開門集議」的做法是：「令天下郡邑十萬戶而推一人，凡有政事，皇上御門，令之會議，三占從二，立即施行，其省府州縣咸令開設，並許受條陳，以通下情。」[35]這和資本主義國家的議院相去不遠。難怪被頑固派目為「求言進才，徒增干進之士；開院（門）集議，有損君上之權」[36]。維新派想利用初步的分權來減輕官僚作風的為害，這種做法無疑也是較為進步的。

我們也要看到，維新派由於階級和時代的局限，他們反對官僚政治是極其妥協、不徹底的。康有為雖然在理論上主張舊官制應該「盡撤」，但實際上他為了緩和頑固派舊官僚的對抗，「向來論改官制，但主增新、不主裁舊。用宋人官差並用之法，如以尚書翰林同直南齋，侍郎編修均兼學政，親王、京卿同任樞垣總署，提督、千把同作營

33 〈原強〉，載《嚴幾道詩文鈔》卷一（上海市：上海國華書局，1922年），頁26。
34 梁啟超：〈西政叢書・序〉，收錄於《飲冰室文集》之二（北京市：中華書局，1926年），頁63。
35 《中國近代史資料叢刊・戊戌變法》第二冊（上海市：神州國光社，1953年），頁184。
36 同上書，頁186。

官，專問差使，不拘官階，故請開十二局及民政局，選通才以任新政，存冗官以容舊人」[37]。這種妥協的做法，不但談不上精簡機構，反而使機構更為臃腫了。維新派的思想也是十分矛盾混亂的，他們一方面想以民權限制君權，用分權法反對一個人說了算的封建專製作風；但另一方面又想利用君權變法，希望皇帝一紙詔書就能改變局面。他們在反對官僚政治的鬥爭中又不自覺地陷進了官僚政治的密網裏。而且，他們對官僚政治的批判和改造在很大程度上是為了澄清吏治，給新政的實施鋪平道路，還談不上從根本上否定和動搖封建主義的官僚制度。

嶺南革命派對確立三民主義的貢獻

「三民主義」最早產生於嶺南，主要得力於嶺南對外開放的社會環境和西方文化的薰陶。孫中山是「三民主義」的創立者。

在孫中山的周圍還有一大群嶺南人，他們與孫中山意氣相投，最早對「三民主義」進行了宣傳、講解和發揮。可以說，「三民主義」並不單單是孫中山一個人的創造，除了孫中山之外，其它的嶺南革命分子對「三民主義」的創立也有著不可抹煞的貢獻。

一

地處嶺南的香港，是反清思想的一個發源地。香港自 1841 年被英國佔領後，清政府便不能把它的統治力量伸展到這個小島。許多不甘臣清的嶺南人便把這裏作為他們暫時脫離清朝統治的避難所。而西

---

37 《中國近代史資料叢刊‧戊戌變法》第四冊（上海市：神州國光社，1953年），頁157。

方政治的開放和自由不但使人們自然地把香港和內地進行對比，也使人們可以在此大膽地表達他們對清廷的不滿。對此，英人吟唎很有感觸。他記道：「香港深得中國人的歡心，他們為了逃脫清朝統治者的暴虐和掠奪，於是抑制了自己的民族自尊心，成群結隊地移居到香港來。」[38]「自從香港殖民地建立以來，本地人跟外國人有了來往，熟悉了所謂『外夷』的優越的法律、政體等等，這使他們更不滿意自己的國家制度。」[39]

吟唎的看法不能說沒有道理，清廷正是因為害怕對外開放會導致不滿清朝統治的沿海人民與外國勢力相結合而共同反清。太平天國被鎮壓後，反清革命沉寂了幾十年，直到一八九四年甲午戰爭後，由深重的民族危機而引發的對清政府的強烈不滿，才又發展成為新的反清革命高潮。其時，嶺南的反清革命思想先於全國出現，標誌是一八九四年的興中會成立和次年在廣州策劃的起義。

在嶺南，聚集了反清的精英人物。

孫中山與鄭士良是較早萌發反清思想的青年知識分子。鄭士良從小仰慕太平天國的英雄，不滿清廷的腐敗，在一八八三年加入家鄉惠陽淡水的三合會組織，常到會館練武，「漸具反清復漢思想」[40]。在廣州，他又結識了許多三合會員，孫中山因是他的摯友，與會黨自然也有所接觸。一八八八年，鄭士良返回家鄉專門從事聯絡會員，被推為三合會首領。鄭士良的主導思想是反清，他在探討中國復興的道路時，十分贊同孫中山提出的「勿敬朝廷」的口號。孫中山和他志同道合，引為知己，在思想上互有影響。

興中會的四大寇——孫中山、楊鶴齡、尤列和陳少白也是因為具

---

38 〔英〕吟唎著：《太平天國革命親歷記》（上海市：上海古籍出版社，1985年），頁10。
39 〔英〕吟唎著：《太平天國革命親歷記》（上海市：上海古籍出版社，1985年），頁14。
40 馮自由：《革命逸史》初集（北京市：中華書局，1981年），頁24。

有共同的反清思想而走到一起的。「孫、陳、尤、楊四人每日在楊耀記高談造反覆滿，興高采烈，時人咸以四大寇稱之。」[41]在乙未廣州起義時犧牲的陸皓東是孫中山的同鄉，亦是關心國事之人。他在犧牲前的「供詞」中說到自己反清思想的來源，一是「憤異族政府之腐敗專制」；二是受到孫中山反清思想的影響。

　　香港的另一新學團體輔仁文社，也是由具有共同反清思想的人組織起來的。其骨幹分子楊衢雲，對西方作品有廣泛的閱讀，他在談起革命理論和歷史時，以權威自居，據說他在這些題目的討論中處於支配地位。楊衢雲的性格、抱負和所受的教育，與孫中山有相似之處。另一骨幹分子謝纘泰，一八九○年在香港認識了楊衢雲，「知衢雲蓄志反清復漢，遂與訂交，極為相得」。當時民智閉塞，不能公開談論革命之事，他們便以開通民智為號召，一八九二年二月在香港組織了輔仁文社，在研究社會和文學的幌子下討論反清革命問題。輔仁文社的座右銘是「盡心愛國」。[42]加入者有劉燕賓、陳芬、黃國瑜、羅文玉、周超岳、溫宗堯和胡幹之等十六人。

　　三民主義中最先揭櫫的戰鬥旗幟民族主義，便是由孫中山、陳少白、楊鶴齡、尤列、楊衢雲、鄭士良、陸皓東等一批革命分子最早提出來的。

　　反清民族主義思想除了在香港和廣東地區最早發生和傳播外，同時在檀香山、日本的廣東籍華僑中也找到了回應者。一八九四年，孫中山上書李鴻章失敗後重遊檀香山，擬向舊日親友集資回國後實行反清復漢之舉，得同志數十人，於是成立了檀香山興中會。這在當時「華僑風氣尚極閉塞，視中山反清言論為作亂謀反，足以導致破家滅

41 同上書，頁9。

42 〔美〕史扶鄰：《孫中山與中國革命的起源》（北京市：中國社會科學出版社，1981年），頁41。

族之災」的情況下，實屬不易。

一八九四年冬，孫中山從檀香山歸國，途經日本。船在橫濱停泊時，孫在船上向乘客及登輪僑胞演講逐滿救國。在橫濱的華人，逐漸接受了反清民族主義的思想，對孫中山的活動給予了積極的支持和回應。

興中會成立後，便準備利用中日甲午戰爭所造成的動盪局勢在廣州發動起義。一八九五年二月，在香港成立了興中會總部。各種具有反清動機和思想的人如楊衢雲、謝纘泰、黃詠商等，在興中會的大旗下集攏。

檀香山興中會的章程表達了強烈的愛國、救國的思想，而香港興中會成立後，又對《興中會章程》進行了修訂，更為鮮明地揭櫫反清的旗幟。

資產階級革命派的早期民族主義以反清仇滿為主要內容，它繼承了太平天國的反清思想和朱元璋的「驅除韃虜，恢復中華」的觀念，但又比它們進步，因為它的興起與中國近代面臨的帝國主義瓜分中國的危機聯繫在一起，反清的直接目的是避免被瓜分的命運，挽救民族危亡，爭取民族解放，建立強大國家。這個特點在興中會的章程中表達得很清楚，章程沒有提出反帝的口號，但要把中國從外國的欺凌中拯救出來的意圖是非常明確的。它直指清政府「庸奴誤國，荼毒蒼生，一蹶不興，如斯之極」，反清是為了「興中」，振興中華。這與單純的復興漢族在中華民族中的支配地位和改朝換代是不同的。民族主義在它一開始便具有了近代民族獨立運動的鮮明色彩，這是洪秀全和朱元璋的民族觀念中沒有的東西。

廣州起義雖未成功，但表達了嶺南革命派的反滿情緒，南中國最早舉起了反清革命的民族主義大旗，震動了中外社會。

二

　　資產階級革命派的民權主義幾乎與民族主義同時產生。在檀香山
興中會成立時，入會盟書的內容是「聯盟人某省某縣人某某，驅除韃
虜，恢復中國，創立合眾政府。倘有貳心，神明鑒察」[43]。

　　在中國，把反清思想與創立合眾政府的民主主義思想結合在一
起，便是由興中會的誓詞最早提出的。對於革命後建立民國的目標，
楊衢雲比孫中山更為堅定和明確。

　　據孫中山自己的回憶，楊衢雲曾與他就這個問題進行過激烈的爭
論，又據陳少白的回憶，楊衢雲的確曾因為孫中山對創立民國的目標
不夠明確而與他大吵了一通。陳少白說：「孫先生學醫，後堅決排
滿，於共和制度尚有出入，與衢雲交，既莫逆，衢雲則非造成民國不
可。一日議論有出入，衢雲持先生辮，盛氣欲毆之。予在旁，分開兩
人。」[44]這個早產的民主主義思想當時只是在嶺南少數革命黨人中有
清楚的認識，而大多數群眾則仍是「反清復明」或「反清興漢」。一
九○三至一九○五年，反滿的革命思潮勃然興起，而建立民主共和國
的民主主義思潮則相對比較薄弱。著名革命宣傳家章太炎的文章裏，
反滿言論俯拾即是，而民主共和思想則難以找到。有的革命刊物，排
滿言論激烈，民主言論不足。如《浙江潮》第九期上的〈近時二大學
說之評論〉認為，只要把滿人的政權換成漢人政權，革命便完成了，
建立什麼政體關係不大：「果為中國人之中國，立憲可，專制亦未嘗
不可。」《中國白話報》第三期林獬的文章說，若是漢種人做皇帝，

43　〈檀香山興中會盟書〉，收錄於《孫中山全集》第一卷（北京市：中華書局，1981
　　年），頁20。

44　《國史館館刊》創刊號，見章開沅主編《辛亥革命史》上冊（北京市：人民出版社，
　　1980年），頁95。

「我們百姓自然應該忠他」,「我們愛的是自己漢種的皇帝」。《江蘇》第六期柳亞子的文章說:「公等今日其勿言改革,唯言光復……與其臣事異種之華盛頓,無寧臣事同種之朱溫。」因此,可以說不少人並不是「三民主義」者,甚至連「二民主義」也不是,只是個「一民主義」者。

在這種情況下,嶺南革命派對於民權主義的認識和宣傳便顯得極為難能可貴了。他們由於多為華僑或留學外國的知識分子,或在香港等地接觸過西方政治制度,對於民主政治瞭解和研究比內地的革命分子更多一些,而反對專制統治也更為堅定一些。

對於建立一個資產階級性質共和國的設想,在孫中山的思想中是逐步明確起來的。一八九七年,孫中山在英國倫敦向一俄國人推薦他的英文著作《倫敦蒙難記》,當時,該俄國人與其它幾個外國人向孫中山提出了一些問題,其中之一是:「您希望在中國有什麼樣的制度來取代現存的制度呢?」孫中山回答說:「我希望有一個負責任的、有代表性的政體。此外,還必須使我們的國家對歐洲文明採取開放態度。我不是說,我們要全盤照搬過來。我們有自己的文明,但是因為無法進行比較、選擇而得不到發展,它也就停滯不前了。」又問:「換句話說,您是希望中國大體上能出現日本那樣的變化了?」答:「對。不過,日本的文明其實就是中國的文明,它是從中國傳入日本的……」[45]從這裏可以看到,孫中山希望中國向西方學習,像日本那樣進行改革,但又不是全盤照搬西方的政制。他對於建立一個什麼樣的共和國的概念還不是十分明確。

同年,孫中山與宮崎寅藏、平山周的談話中,把共和與「人群自治」聯繫起來,認為人民自議、自理的制度,便是共和的精神。他

---

45 《孫中山全集》第一卷(北京市:中華書局,1981年),頁86。

說，中國古代的「三代之治」以及當時僻地荒村的「敬尊長所以判曲直，置鄉兵所以禦盜賊，其它一切共通之利害，皆人民自議之而自理之」，便是共和的「神髓」了。

一九〇〇年六月，孫中山和楊衢雲、鄭士良等從日本橫濱乘船赴香港，在行前的一次談話中說：「我們的最終目的，是要與華南人民商議，分割中華帝國的一部分，新建一個共和國。」[46]這是最為明確的關於建立資產階級共和國的公開表述。

一九〇一年，美國《展望》雜誌記者林奇在訪問了孫中山後報導說：「以聯邦或共和政體來代替帝政統治，這是孫逸仙的願望。」[47]

直到一九〇三年，孫中山才十分明確地指出了革命後要建立的是「民國」，要效法美國選舉總統，廢除專制，實行共和。

一九〇五年同盟會成立後，孫中山等革命派在同盟會的宣言中明確規定「國體」必須變革，並對共和政體進行了扼要的概述。

鑒於中國廣大人民，甚至是知識分子，對於「民主共和」的認識很膚淺，孫中山等嶺南革命派在一九〇五年前後對這個問題作了很多說明，主要觀點如下：

1.以社會進化論為武器來論證在中國建立民主共和制度的合理性。他們認為，人類社會的發展是由落後到進步、由野蠻到文明的。它經歷了「洪荒時代」、「神權時代」和「君權時代」，現在已進化到「民權時代」了。所以，我們應該推翻君權，建立民權。

2.批駁反對在中國建立民主共和制度的謬論。改良派認為，民權使權傾於下，君權則使權傾於上，只有君民共主、君主立憲最為適中，而且社會進化要一步步來，不可躐等。革命派則認為，學外國要

---

46 同上書，頁188。
47 同上書，頁211。

取法乎上，要選擇地球上最文明的政治法律來救中國。而民主共和制度是現時世界上最先進、最文明的制度，我們不要由野蠻而專制，由專制而立憲，由立憲而共和的亦步亦趨，定要為人事的變更，發揮人的主觀努力，其進步方速。

3.論述民主革命是改造中國和挽救民族危亡的根本。嶺南革命派認為，民族革命可以去掉惡劣政府，但單純的民族革命是不夠的，還要進行政治革命，才能去掉惡劣政府的根本。中國數千年來都是君主專制政體，這種政體，不是自由平等的國民所堪受的。政體不好，國家不能富強，即使推倒了滿清統治者，外人一樣來欺負我們，民族危亡何日可了？要去掉這政體，不是專靠民族革命可以成功的。推翻清朝政府之後，要同時建立民主立憲政體，這便是政治革命。政治革命是使中國避免亡國厄運的根本。

4.結合中國國情提出實現民主共和制的步驟和保障人民民主權利的法規。中國資產階級的民權主義來源於西方資產階級民主主義思想和民主共和國方案，這個思想和方案要在中國成功地實行，一定要與中國的實際情況相結合。於是，孫中山設計了實現民主政治的幾個具體程序和保障國民權益的五權憲法。即在行政權、立法權、司法權分立的基礎上，把考選權和糾察權也分立出來。這樣，民主制度便更加完美了。

孫中山與嶺南革命志士們是最早和最自覺地要求在中國實行民主主義的資產階級革命家，建立民國的革命目標的提出，是中國社會前進過程中的一個劃時代的飛躍，具有巨大的歷史進步意義，它開闢了中國革命的新階段，即近代資產階級民主革命的新階段，也使中國近代的群眾運動進入了「自覺的民主運動」的階段。

三

　　當孫中山被日本的中國留學生們擁戴為他們共同的革命領袖時，正是反清的民族主義高漲之際。推翻清朝統治的共同目的，是他們聯合的基礎。而對於革命成功後建立一個什麼政權，實行何種社會政策，大家是有分歧的。特別是對於「平均地權」一條，很多人不理解，不贊成，或根本就不理會。雖經孫中山剴切講解後大家表示同意，但仍沒有引起重視。有的人認為這個問題是「不急之務」，用不著多加關注。有的同盟會本部幹事，因覺得難以向入會者說清楚「平均地權」的涵義，乾脆把其刪去。歐洲同盟會成立後一年，有幾位同志曾另組「公民黨」為同盟會之預備會，而「公民黨」的誓詞只有「驅除韃虜，恢復中華，創立民國」三事。東京同盟會成立後三年，會員張伯祥、焦達峰等在聯絡長江沿岸各會黨時，又因嫌盟書中「平均地權」一項意義高深，非知識幼稚的會員所能瞭解，而另組「共進會」，將「平均地權」改作「平均人權」。可見，即使在革命隊伍中，要確立民生主義，亦非易事。

　　民生主義是孫中山在一八九五年廣州起義失敗逃亡海外後，專心研讀各種政治經濟書籍，比較深入地對歐洲社會進行了考察和研究而逐漸形成的。

　　孫中山在《同盟會宣言》和《民報發刊詞》中對民生主義作了初步的定義，但由於忙於組織政黨和籌畫起義，對民生主義沒有作更加明確和具體的闡述。

　　一九〇五年冬，香港《中國日報》發表了馮自由撰寫的社論〈民生主義與中國政治革命之前途〉。這是同盟會成立後闡明民生主義學說的第一篇文字。文中，馮自由對土地私有和土地國有兩種不同的所有制進行了對比，鼓吹土地國有的好處：（1）打破地主對土地的佔有

和居奇，有利於資本主義工商業的發展。（2）土地家屋的價格，由政府調整，以保其平準，使大多數人得脫地主專制之牢籠，實救治貧富不均之良法。（3）中國數千年的專制政體，其礦山、森林、道路大都官有，故舉行土地國有的政策，實較其它國家為易。

土地國有之後如何賦課租稅，是關係國計民生的重大技術性問題。馮自由經過研究各種稅法之利弊認為：「其最適合於吾國政治社會之狀態者，蓋莫如單稅論之切實易行矣」。因為單稅法有四大好處：（1）調和社會上貧富不均之弊害。稅率確定後，可免貧民於地價騰漲之困厄。即使騰漲，也是損失與利益由國民共擔，不會產生貧富不均。（2）維持財產之增殖力。對工商業徵稅過多會減少生產力，對社會進化之前途不利，如果土地國有，而單嚮之課稅，則其生產力，國家將有以維持之，其增殖的利益為一般社會共用，不會因害怕產生貧富懸殊而壓抑財產增殖力。（3）課稅簡單易行。稅種單一，課稅自然簡單易行。（4）收入確實。列國對於各事業之課稅，以徵集紛擾，咸有不確定之弊，若實行單稅法，稅率又已確定，則其收入將較為確定，於國家之預算十分利便。[48]

馮自由的文章把平均地權的理論來源、精神核心、原理原則、操作方法都講得較為透徹，是當時宣傳民生主義的權威性論著。一九〇六年冬，孫中山在《民報》創刊週年慶祝大會上的演說對三民主義又作了一番說明，其中特別對民生主義解說甚詳。他說到民生主義是一種科學學說，具有理論基礎，說到文明越發達，社會問題越著緊，在歐美已經積重難返，社會革命不可避免；說到中國人的眼光要看得遠一些，要防患於未然；說到文明有善果，也有惡果，須要取那善果，

---

48 馮自由：〈民生主義與中國政治革命之前途〉，收錄於《革命逸史》第四集（北京市：中華書局，1981年），頁113。

避那惡果；說到解決土地問題是解決社會問題的關鍵；最後，孫中山把三民主義與革命目標聯繫起來，突出了為人民大眾謀幸福的宗旨。他說：「總之，我們革命的目的是為眾生謀幸福，因不願少數滿洲人專利，故要民族革命；不願君主一人專利，故要政治革命；不願少數富人專利，故要社會革命。這三樣有一樣做不到，也不是我們的本意。達到了這三樣目的之後，我們中國當成為至完美的國家。」[49]

另外，胡漢民在《民報》發表的〈民報之六大主義〉和〈告非難民生主義者〉等一系列文章中也對民生主義作了較詳盡的論述。胡漢民認為：「近世文明國家所病者，非政治的階級，而經濟的階級也。於是而發生社會主義。其學說雖繁，而皆以平經濟的階級為主。」指出民生主義在於解決資本主義國家中發生的經濟不平等問題。他認為，土地國有是解決這個問題的關鍵。土地國有的目的和後果是消滅了地主階級。因為，土地國有「使人民不得有土地所有權，惟得有其它權（如地土權、永小作權、地役權等），且是諸權必得國家許可，無私債，亦無永貸。如是，則地主強權，將絕跡於支那大陸」。國家成為地主以後，由國家決定地租的高低，可以減輕農民的負擔：「國家之課於地土上者，必經國會之承認，亦必無私有營利之弊，以重徵以病農。」土地的收入為國民所共用，保證了經濟上的平等，「吾國已為民權立憲政體之故，則地利所入雖豐，仍以為民政種種設施之用，其為益愈大」，「而民權立憲國家之富，尤共產也。夫均地之政，至平等耳！」

民生主義的積極作用是很明顯的，它的土地方案將會消除地主對土地的壟斷，為資本主義的發展提供有利條件，節制資本也有利於國家資本主義的發展，使私人資本和國家資本在各自的範圍內發揮作

---

49 《孫中山全集》第一卷（北京市：中華書局，1981年），頁329。

用。民生主義中蘊涵的對人民大眾利益的關心也將有益於社會矛盾的
調和，走出一條中國式的資本主義道路。在當時的條件下，三民主義
可以說是帶有理想化色彩的最自覺、最進步的中國近代化方案。

由以孫中山為代表的嶺南革命派最早提出的「三民主義」思想，
反映了當時中國資產階級革命家的思想水準。因為除此以外，沒有其
它革命團體能提出更為完整和更有遠見的思想。如華興會提出的綱領
是「驅除韃虜，恢復中華」，科學補習所提出的口號是「革命排滿」，
光復會提出的宗旨是「光復漢族，還我山河，以身許國，功成身
退」，等等，都沒有能把革命後如何建設一個源於歐美、優於歐美的
新型國家制度的問題仔細地加以考慮，更沒有提出可行的辦法。可
見，以孫中山為代表的嶺南革命派由於對西方的瞭解更多一點，也看
得更遠一點。對世界潮流的瞭解和關注，是他們比其它區域的革命思
想家高明的原因。

清末實業救國思潮興起之原因

實業救國思潮，過去曾為學術界所貶責，認為它救不了國，阻礙
了反清民主革命的興起，是一服有利於維持清朝統治的麻醉劑。近年
來，此說已有改變。承認其為中國近代一個進步的社會思潮，恐怕已
無疑問。不過，對於此思潮發生、形成的時間及其最初的表現，似未
有進一步的研究，甚至有論者認為在清末並無所謂「實業救國思潮」
的存在。

對此，筆者提出如下看法：實業救國思潮萌芽於中日甲午戰爭前
後，它隨著中華民族生存危機的加深而產生與擴大，又隨著中國民族
資產階級愛國的和革命的運動高漲而深入與發展。庚子事變前，是實
業救國思想的產生期；庚子事變到辛亥革命十年間，這種思想發展成

為人們所廣泛接受的具有相當範圍和規模的社會思潮，辛亥革命後，實業救國思潮開始高漲，並成為推進中國近代社會發展的進步思潮之一。

這裏意在探討這個思潮產生的主要原因。

一　對西方富強之路的認識

實業救國的思想大約在一八九五至一九〇〇年間產生，但它的醞釀卻經歷了一個比較長的階段。因為它是在中國的大門被西方列強打開之後，中國人對西方認識逐步深化的成果。

十九世紀七〇年代以後，在日益加深的民族危機面前，一批早期的維新人士，努力探求中國之所以落後、西方之所以先進的原因時，開始陸續地、或多或少地提到了發展資本主義商品經濟的重要性。

王韜一八七四至一八八四年在香港主辦《循環日報》，鼓吹變法自強時，以他當時對西方的認識水準，提出發展資本主義工商業對國家強盛的重要作用。他以英國為例說：「英之立國，以商為本。」[50]英國商人主要從事對外貿易，以貴徵賤，取利於異邦，而納稅於本國，因而導致國富兵強。王韜認為富是強的基礎，應「先富而後強」。而求富則必須「興利」，在「興利」方面，他又提出了發展資本主義工礦業與交通運輸業。他說，興利之法有開礦、煉鐵、闢煤、開五金、用機器織布、修鐵路和造輪船等。他認為中國應大興工商之利，以華商分西商之利，然後開闢海外貿易，打開國際市場，與列強爭勝。

出身於買辦的中國早期民族資本家和改革家鄭觀應「與異國人接

50　王韜：《韜園文錄外編》卷四《英重通商》，清光緒23年（1897年）長洲王氏上海重排鉛印本。

觸」較多，又特別留心觀察西方國家的情況，憤中國之積弱不振，求可以攘外安內之計，於一八八〇年前後寫成《易言》一書，書中論及中國富強之道，認為：「歐洲各國，動以智勇相傾，富強相尚，我中國與之並立，不得不亟思控制，因變達權。故公法約章宜修也，不修則彼合而我孤，兵制陣法宜練也，不練則彼強而我弱；槍炮器械宜精也，不精則彼利而我鈍；輪船、火車、電報宜興也，不興則彼速而我遲；天球、地輿、格致、測算等學宜通也，不通則彼巧而我拙；礦務、通商、耕織諸事宜舉也，不舉則彼富而我貧。」[51]明確提出發展資本主義工商業的問題。

薛福成在一八八九年奉派出使英、法、意、比四國，他在考察了西方國家的歷史和現狀以後，在日記中推尋歐洲各國強盛的原因時說：「歐美兩洲各國勃然興起之機，在學問日新，工商日旺，而其絕大關鍵，皆在近百年中，至其所以橫絕地球而莫與抗者，不過恃火輪舟車及電線諸務，實皆創行於六七十年之內；其它概可知矣。」[52]他由此而得出結論：中國必須大講西學與大興工商業。

承認西方比中國進步已經不容易，能認識到西方列強之所以強大的原因則更不容易。這些進步的思想家們既看到了西方列強的軍事技術、練兵製器、輪船火車、科學技術等方面比中國先進，又注意到了資本主義工商業是其富強的重要原因，這是一個重大的歷史進步。但是，在尋找什麼是富強的根本時，開頭並不是很明確的。

由於國際資本對中國經濟的影響首先是在商品流通領域中表現出來，外國商品大量地湧進中國市場，衝擊著中國傳統的自給自足的農業經濟，因此十九世紀七〇至九〇年代初期維新派的著作中，不少人

---

51 鄭觀應：〈論公法〉，收錄於夏東元：《鄭觀應傳》（廣州市：廣東人民出版社，1995年），頁27。
52 薛福成：《出使四國日記》（長沙市：湖南人民出版社，1981年），頁68。

提出了「商」是立國之本的看法。

　　曾作為洋務人員被派往歐洲學習過一段時間的馬建忠的看法是具有代表性的。他在一八九〇寫的〈富民說〉中談到：「若英、若美、若法、若俄、若德，若英屬之印度，無不以通商致富。嘗居其邦而考其求富之源，一以通商為準。通商而出口貨溢於進口者利，通商而出口貨等於進口者亦利，通商進口貨溢出口者不利；然則天下之大計知矣，欲中國之富，莫若使出口貨多，進口貨少。」[53]薛福成也認為：「歐洲立國以商務為本，富國強兵全借於商，而尤推英國為巨擘。」[54]

　　應該說，這些重商主義的傾向是值得肯定的。首先，他們提出「以商立國」，對傳統的「以農為本」思想具有極大的衝擊力量和進步意義。其次，他們在大談「以商為立國之本」的時候，並沒有忽視工業和農業，他們所講的「商」，往往也包含了商品的生產，即發展工農業的內容。

　　但也應該指出，他們對發展資本主義大工業的重要性認識不夠，還沒有認識到工業近代化是西方國家富強的基礎。對近代大工業和國際商業之間的辯證關係，未曾釐清。過分強調流通對生產的指導作用，並且不適當地把這種作用誇大為決定性的作用。

　　十九世紀末年，隨著外國資本主義加緊對華輸出資　本，人們的認識也走向深化，流通帶動生產，生產決定流通的辯證關係開始出現在不少人的議論中。「以商立國」的主張逐漸被「以工立國」所取代。

　　最早提出「工是立國之本」的人，是中國第一任駐外公使郭嵩燾。他在一八七七年寫給李鴻章的信中已經提出：「日本在英國學習技藝者二百餘人，各海口皆有之……而習兵法者絕少。蓋兵者末也，

---

53 馬建忠：〈富民說〉，收錄於《適可齋紀言紀行》（北京市：中華書局，1960年）
54 薛福成：《出使四國日記》（長沙市：湖南人民出版社，1981年），頁147。

各種創制，皆立國之本也。」[55]當時還只是封建洋務大員幕僚的張謇，在一八八六年時也開始覺悟到：「中國須興實業，其責任士大夫先之。」[56]薛福成也越來越多地談到發展工業對商業的重要性，他在1892年出版的《出使日記續刻》中說：「中國欲振興商務，必先講求工藝。」

這個道理，更隨著鄰邦日本的強大，而日漸為國人所注意。日本學習西方，在國策上與中國有所不同，正如上文郭嵩燾所講，學軍事的人少，學工業的人多。薛福成也說：「西人論日本近數年來，造器日精，出貨日多，種植製造蒸蒸日上……此則已勝於中國矣。」[57]這種看法隨著甲午中日戰爭的結局而變得更為明朗。一個蕞爾小國打敗了泱泱大國，更多的人認識到日本學習西方的路子對頭，值得效法。

一八九五年，「以工立國」的說法流行起來。康有為在〈請勵工藝獎創新折〉中，提出了把中國「定為工國」的主張。他說：「夫今已入工業之世界矣，已為日新尚智之宇宙矣，而吾國尚以其農國守舊愚民之治與之競，不亦俱乎？皇上誠講萬國之大勢，審古今之時變，知非講明國是，移易民心，去愚尚智，棄守舊，尚日新，定為工國，而講求物質，不能為國，則所以導民為治，自有在矣。」[58]梁啟超在〈變法通議〉中，也提出了「以工立國」的口號。[59]但是，把這個問題講得最為明確的是張謇，他在一八九五年寫了〈代鄂督條陳立國自

55 郭嵩燾：〈倫敦致李伯相〉，收錄於《郭嵩燾詩文集》（長沙市：嶽麓書社，1984年），頁190。

56 張謇：《嗇翁自訂年譜》卷下，民國14年（1925年）排印本，頁54。

57 薛福成：《出使四國日記》（長沙市：湖南人民出版社，1981年），頁12。

58 轉引自《中國近代史資料叢刊‧戊戌變法》第二冊（上海市：神州國光社，1953年），頁227。

59 梁啟超：〈變法通議〉，收錄於《飲冰室合集‧文集》之一（北京市：中華書局，1989年），頁70。

強疏〉，對「立國之本在於商」的說法提出了鮮明的不同意見，甚至批評為「皮毛之論」。他說：「世人皆言外洋以商務立國，此皮毛之論也。不知外洋富民強國之本實在於工。……如日本，尤重工政，此則養民之大經，富國之妙術，不僅為禦侮計。」[60]

　　至此，發展近代工業是國家富強的根本的思想產生了。這是中國近代探索西方富強之路的新進展，也是學西方思想的邏輯發展的必然結果。

　　應該指出的是，「實業救國」思想並不是一些人所說的那樣，與維新改革思想處於對立的地位，是為了反對在政治上進行改革而提出來的。不過，實業救國論者認為當時政治改革的時機還不夠成熟，主張先從振興實業入手，以實業為救國之急務。因此，他們在政治上處於比較緩進保守的地位。

二　救亡圖存的迫切需要

　　日益深重的民族危機感是「實業救國」思想產生的催化劑。甲午戰爭後，中國的民族危機達到空前嚴重的地步。西方列強對中國的經濟侵略從商品輸出發展到資本輸出，紛紛在中國強佔租借地，劃分勢力範圍，爭奪築路、開礦權利，中國面臨著被瓜分的危險，《馬關條約》給予外國在華投資設廠權，中國的民族工業面臨被窒息的威脅，中國農民和手工業者面臨著破產和失業的苦難。中國利源外流，民窮財盡，生計日黜，危急甚矣！

　　民族危機的加深，激起了更多有志之士奮起投入愛國救亡運動。

---

60 張謇：〈代鄂督條陳立國自強疏〉，收錄於《張季子九錄・政聞錄》卷一（北京市：中華書局，1931年）聚珍仿宋刊本。

一八九五年，維新人士發動的以「公車上書」為標誌的維新運動和孫中山在廣州發動的反清武裝起義同時興起，表現了中國的救亡運動進入了以西方資本主義為強國樣板的新階段。「實業救國」便是順應當時的發展資本主義經濟的要求，以及力圖阻止中國淪為外國殖民地和附屬國的一種救國思想和方案。一八九五年，鄭觀應重新修訂刊行《盛世危言》，著重加強對「商戰」的論述。把他的「富強救國」的思想更加豐富、明確、深刻和強烈地呈現在讀者的面前。他說：「夫亞洲各國，貧弱者無論矣，最大者首推中國，次則日本。……日本初亦受其腏削……國勢已形岌岌。厥後其大臣遊歷各國而歸，窺見利病之故，乃下令國中，大為振作，講求商務，臣民交奮，學西洋之製造，以抵禦來源；仿中國之土貨，以暢銷各國；表裏圖利而國勢日興，紙鈔悉數收回，府庫金銀充溢，此日本近日通商之實效也。」[61]《盛世危言》在此時重刊，引起巨大的社會反響。在朝廷重臣孫家鼐等人的推薦下，清廷命刊印兩千部散發朝臣閱讀，而坊間書賈為適應社會需要，更是不斷地翻印，以致後來發現此書的版本多達二十種以上，可見其影響之大。

鄭觀應在此書中說：「中日戰後，時勢變遷，大局愈危，中西之利弊昭然若揭」，「故未言者再盡言之」。它比一八九四年版的《盛世危言》新增正文四十七篇，附錄未盡之詞及中外通人救時之文一百多篇，其中大部分是有關商戰、商務、商船等。[62]他的「商戰重於兵戰」的思想為越來越多的人所接受。

在清廷中曾任軍機處章京等職務的陳熾，在甲午戰爭後憤中國積弱不振，積極提倡變法，與康有為、梁啟超等一道組織「強學會」。

---

61 鄭觀應：〈盛世危言・商務三〉，收錄於夏東元編：《鄭觀應集》上冊（上海市：上海人民出版社，1982年），頁615。

62 夏東元：《鄭觀應傳》（廣州市：廣東人民出版社，1995年），頁69。

一八九六年，他寫了《續富國策》一書，自稱此書「為救中國之貧弱而作」，提出只有生產才是「富國之源」，主張大力發展經濟，並要參照西方的制度和做法舉行。這部著作分《農書》、《礦書》、《工書》和《商書》四卷，全面論述了發展各種經濟事業的具體專案和措施，他所宣傳的發展農工商礦等近代生產事業以救亡圖強的思想，對當時社會的影響很大，可以說是「實業救國」思想的最初表述，雖然還沒有概括出「實業」這一個名詞來。一八九八年維新變法運動失敗，他悲憤異常，時常「高歌痛哭」，於一九○○年含恨而逝。

「實業救國」的另一宣導者是江蘇南通的張謇。他也是受到時代思潮的影響而鼓吹「設廠自救」的。張謇從小受封建教育，一八九四年高中狀元，本來他想走中國傳統的由狀元到宰相的道路。但是，時代變了，清政府官場黑暗，言路堵塞，勾心鬥角，他的仕途並不光明。就在這時，甲午戰爭失敗的刺激，使他陷入了深深的痛苦的思考之中。他深知中國中世紀的陳舊武器抵擋不了資本主義的堅甲利兵，「今日之敵，迥非昔比」，那麼，什麼才是救國良方呢？

日本是一個小國，自從明治維新以後，不過三十多年，就能夠打敗中國，張謇認為這是日本實行變法，大辦西學、大興工業的緣故。所以，他主張「教育救國」和「實業救國」。他說：「人皆知外洋各國之強由於兵，而不知外洋之強由於學。夫立國由於人才，人才出於立學，此古今中外不易之理……今外洋各國與我交涉日深，機局日迫，我持此因循之習，固陋之才，浮游之技藝，斷不足以御之。」[63]一八九五年，張謇丁父憂在家。是時，清政府迫於形勢和輿論，不得不表示提挈工商，諭令各省招商設廠。洋務首領、兩江總督張之洞指示張謇在南通開工廠，張謇「自審寒士，初未敢應」，後來轉念一想，要

---

63 《張季子九錄‧政聞錄》卷一（北京市：中華書局，1931年）聚珍仿宋刊本。

救國就要辦教育，辦教育需要資金，不辦工廠怎能積蓄教育經費呢？反覆考慮了幾天，終於答應了。從此棄官從商，走上了「實業救國」之路。

在實業與教育之間，張謇其實更重視教育，他說：「中日馬關約成，國勢日蹙，私憂竊歎，以為政府不足惜，非人民有知識，必不足以自強。知識之本，基於教育，然非先興實業，則教育無所資以措手。」他為了籌集辦教育的經費，不得不從「士大夫所不齒」的實業開始，並為此付出了更多的精力，最後使得「實業教育並進迭用」。

張謇在一九二五年回顧自己的一生時說：「謇⋯⋯以讀書勵行、取科名、守父母之命為職志。年三四十以後，即憤中國之不振，四十後中東事已，益憤而歎國人之無常識也，由教育之不革新，政府謀新矣而不當，欲自為之而無力，反覆推究，當自興實業始⋯⋯乃決定捐棄所恃，捨身餵虎。認定吾為中國大計而貶，不為個人私利而貶⋯⋯自計既決，遂無反顧。」[64]

從張謇的例子，可以看到中國傳統思想培育出的士紳在「國家存亡，匹夫有責」的思想指導下，為了救國可以改變自己一生的道路。在十九世紀末二十世紀初的中國，這種現象比比皆是。

任何一種救國的思想和方案，都是直接產生於國家民族危急之際，這是不言而喻的。

三 權衡形勢後的選擇

「實業救國」思想是一部分人對當時中國和世界的形勢有自己獨

---

64 張謇：〈大生紗廠股東會宣言書〉，收錄於《張季子九錄・實業錄》卷八（北京市：中華書局，1931年）聚珍仿宋刊本。

到的見解，對中國的改革步驟有自認為是正確的主張，從而提出來的一個方案。

「實業救國」論者雖然不排斥其它溫和的救國方式（在前期它與反清的革命方式相牴觸），但把發展實業放在首要地位，把經濟建設作為國家富強的基礎，這是「實業救國」思想區別於其它救國方案的主要特徵。可以說，「實業救國」思想是其宣導者們基於自己對形勢的認識所做出的選擇。

鄭觀應是最早明確提出在中國設議政制度的人，也是在甲午戰爭前夕要求設立議院實行立憲制最激烈的一個人。但是，當改良主義從一種思潮變為政治行動的時候，他卻認為太急躁了。他認為光靠一個皇帝，而沒有支持皇帝的大批中層力量是不能成功的。他說：「康、梁辦事毫無條理，不知度德量力，將來必有風波。」[65]鄭觀應對戊戌維新取消極態度，認為在當時的情況下，政治改革的時機尚未成熟，而發展民族工業以抵制洋商洋廠，奪回利權，不失為切實可行之策。

張謇與帝黨官僚翁同龢的關係比較密切，因此在帝黨支持康、梁進行變法時，他也列名「強學會」，對維新變法給予一定的讚助。但因嫌康有為的變法要求太急太高，認為「不大平正」、「不很審慎」[66]，又看到保守派力量大大超過維新派，料定變法之舉必不能成，「禍之所屆，亦不可測」，就沒有積極參與變法，而是一心一意地致力於興辦實業，為變法積蓄經濟力量和開通紳民知識，期望逐步為中國的富強打下一些基礎。

由於他們對中國當時國情的估計與戊戌維新派有差別，對清廷中樞的瞭解比康、梁更多一點，導致他們所採取的態度也更現實一點，

---

65 盛檔：《鄭觀應致盛宣懷函》，光緒24年（1898年）9月。

66 張孝若：《南通張季直先生傳記・傳記》（北京市：中華書局，1930年），頁64。

這樣便產生了對救亡的方略與步驟的不同意見，形成了與戊戌思潮的側重點稍有不同的「實業救國」思潮。

儘管他們的主張不如康、梁激進，他們的實業活動也不如康、梁所發動的戊戌變法那樣轟轟烈烈，但是，他們那種扎扎實實的工作也是值得贊許的。

四　從部分人的思想發展為社會思潮的契機

十九世紀末二十世紀初年，中國又經歷了兩次震撼人心的事變——戊戌政變和八國聯軍侵華戰爭。這兩次事變使中國社會受到極大的震動，遂使「實業救國」思想漸為世人所注意，從而發展成為一股社會思潮。

在維新思潮盛極一時的十九世紀末年，實業救國思想的影響不大，戊戌維新運動的失敗使政局發生了變化，政治上的改革暫時落入低潮，從實際出發的人們只能在客觀條件許可的情況下進行革新。這樣，隨著戊戌思潮的退落，便有另一思潮進來補充，國內政治形勢的收緊促成了實業救國思潮走向高漲。

八國聯軍侵華，與清政府訂立了《辛丑合約》，賠款四億五千萬兩白銀，中國民生，猶如雪上加霜，舉國上下，戚戚然患貧。為了救貧，寬籌生路，必須廣興工業，於是全國人民的眼睛都不約而同地轉移到發展生產、振興實業上來。發展實業不單是救祖國於強鄰之手，更是救國家於亂民之手，有文章指出：「今日憂時諸君子，莫不奔相走告曰：外患憑陵，危亡在即，非速開國會，無以挽救。此固異口同聲之辭也。然余戚戚思慮，獨以為我國將來之大禍，不在外患而在內亂……推將來內亂之所由生，不在盜賊黨會，而在貧民……是故欲圖國家之長治久安，必於農工兩業加以提倡而維持之，以冀富裕下等人

之生計。」[67]實業救國思潮的興起又有了一個新的推動力。

　　二十世紀初年，西方資本主義已經進入帝國主義階段，資本輸出成為越來越重要的侵華手段。這種侵略手段隨著《辛丑合約》的簽訂而加劇。二十世紀的頭十年，清政府與西方列強簽訂的各種條約、合同等共兩百多個，把鐵路、工廠、礦山、銀行的開辦權拱手相送。為了討好洋人，一九○一年年初，朝廷尚在西安，便急忙下詔變法，舉辦新政。一方面，中國面臨更深刻的民族危機，如果外資企業遍地，舉國便將成為洋人的奴隸；另一方面，新政頒佈了有利於農、工、礦業發展的條款，給民族資本主義的發展也同時開了方便之門。這樣，實業救國思潮的興起便獲得了一定的有利條件。

　　從一九○一至一九一○年十年間，是實業救國思潮的興起期，大江南北，長城內外，上自中央，下至地方，乃至海外華僑，都受到這股思潮的薰染。

　　梁啟超在一九一○年對實業救國思潮的興起作了如下的描述：「全國人心營目注囂囂然言振興實業者，亦既有年矣。上之則政府設立農工商部，設立勸業道，紛紛派員奔走各國考察實業，目不暇給，乃至懸重爵崇銜以獎勵創辦實業之人，即所派遊學及學生試驗亦無不特重實業，其所以鼓舞而助長之者，可謂至極。下之則舉辦勸業會、共進會，各城鎮乃至海外僑民悉立商會，各報館亦極力鼓吹，而以抵制洋貨挽回利權之目的創立公司者所在多有，其呈部註冊者亦不下千家。」[68]另一論者則說，實業救國主張「久為智者所扼腕稱道，其懰然流佈於人心者亦既有年，稍明時局之人固已共曉……」[69]

　　這股思潮的中堅人物大多是思想開明、敏銳、務實的知識分子和

67　張肇熊：〈各處宜亟興工廠以救民窮議〉，載《東方雜誌》第7年第10期。

68　滄江（梁啟超）：〈敬告國中之談實業者〉，載《國風報》第1年第27期。

69　勝因：〈實業救國懸談〉，載《東方雜誌》第7年第6期。

從事工商業的人士。主要有鄭觀應、張謇、湯壽潛、吳桐林、汪康年、曾鑄、江修義、陳震福、陳頤壽等。而《東方雜誌》、《商務報》、《華商聯合報》、《華商聯合會報》、《中外日報》、《時報》等為其重要喉舌，甚至一些革命派刊物，如《晉乘》、《河南》、《滇話》等，也都有文章呼籲發展實業以救國。[70]這些記載都說明了在辛亥革命前十年間，「實業救國」確實成為了一股有廣泛社會影響的思潮。

與此同時，社會上也出現了一九〇五至一九〇八年的民族資本主義企業的第二次投資熱潮，這是自從一八九五至一八九八年的第一次投資熱潮後的再度高漲。這時，民族企業已從沿海推及內地，散佈於二十五個省區。據統計，一九〇一至一九一一年全國興辦民族企業達五百八十五家，是此前三十年總數的兩倍多。

二十世紀初期，「實業」一詞開始流行，張謇對「實業」的概念進行過這樣的解釋：「實業者，西人貶農工商之名。」[71]用「振興實業」代替過去的「振興商務」的提法，無疑是更為科學和全面的。

總的來說，實業救國思潮的產生是先進的中國人向西方學習的思想收穫，是中國民族資產階級和廣大人民要求建設一個獨立、民主、富強的中國的強烈願望，也是中國近代國情發展的必然結果。

清末民初的實業救國思潮，旗幟鮮明地反對封建的、保守的生產關係，主張用資本主義的生產力和經營方式代替封建主義的生產力和經營方式，用開放主義代替閉關自守，用振興工商的政策代替重農抑商政策，為資本主義在中國的發展大造輿論，大開綠燈，改變了人們的觀念，動員了社會各階層的人民熱心參與實業活動，使全國上下形成了一股「實業熱」，從而推動了中國近代工業的產生與發展。

---

70 吳雁南等主編：《清末社會思潮》（福州市：福建人民出版社，1990年），頁344。

71 《記論舜為實業政治家》，《張季子九錄・文錄》卷二（北京市：中華書局，1931年）聚珍仿宋刊本。

　　實業救國論者鼓吹中國要在世界經濟戰爭中自強保種，競勝爭雄，掀起了「保護國貨，挽回利權」的運動，極大地調動起人民的愛國心、合群心，促進了國產品的創新和改良，有力地保護和促進了民族工業。實業救國思潮中所取得的思想成果對建立具有中國特色的獨立的工業化體系有著不可低估的影響。

辛亥革命與實業救國思潮的高漲

　　萌芽於中日甲午戰爭前後的實業救國思潮，是中國近代進步的社會思潮之一。從這一思潮的發展過程來看，庚子事變是一條分界線，辛亥革命也是一條分界線。甲午戰爭後，「實業救國論」作為一種思想主張，首先在一部分希望依靠清政府救亡圖存的改良派人物中流行，成為民族資產階級一部分先覺者的群體意識，此為實業救國思潮的產生期。庚子事變後，民族危機的加深，使鼓吹和獻身實業的人迅速增加，實業救國成為一股具有相當範圍和規模的社會思潮，此為發展期。辛亥革命後，在政治革命已經完成的觀念支配下，資產階級革命派大批加入實業救國的隊伍，與立憲派一道鼓吹產業革命，從而使實業救國思潮廣為傳播，出現了前所未有的聲勢和規模，此為高潮期。

　　筆者意在探討辛亥革命如何促成實業救國思潮的高漲，以及這個思潮在辛亥革命後有什麼新的發展。

一　革命勝利帶來實業發展的「黃金時代」

　　一九一一年的辛亥革命，推倒了中國走向近代化的最主要的政治障礙──清王朝，為資本主義在中國的發展開闢了道路。中國實業的

發展也因此而獲得了前所未有的優良環境,開始步入一個新的發展階
段,此為中國資本主義發展的「黃金時代」。辛亥革命後,民國政府
制定一系列的政策法令,意在破除生產力發展的封建性桎梏,為工商
業的振興創造條件。以孫中山為首的南京臨時政府不用說,鼓勵提倡
實業不遺餘力,就是袁世凱上臺後,也對實業的發展做出種種支持、
扶助的姿態。他也需要利用實業的發展來增加稅收,解決財政困難,
不完全是作假。

　　一九一二年三月通過的《臨時約法》規定:「人民有保有財產及
營業之自由」,「人民之家宅,非依法律不得侵入或搜索」。人民的基
本權利特別是私有財產權得到了保護。政府提高華僑的地位,並鼓勵
華僑在國內投資,為此,財政部擬訂了海外匯業銀行則例。政府宣佈
對於勞苦農民要嚴加保護,「其有耕種之具不給者,公田由地方公款、
私田由各田主設法資助」。其救濟費用,「秋成後,計數取償」[72]。一
九一四年,農商部頒佈《國有荒地承墾條例》規定:「國有荒地,除
政府認為有特別使用目的外,均準人民按照本例承墾。」[73]給予承墾
人種種便利和權益。同年,農商部還頒佈了《公司保息條例》、《公司
條例》,規定公司受法律保護,「凡公司均為法人」[74],國家對民營公
司實行保息扶持,撥出公債券兩千萬元作為公司股本的保息金,鼓勵
社會資金流向實業。後又頒佈《商人通例》、《公司註冊條例》,保護
商人權利,放寬公司註冊條件,降低註冊費,為民間興辦實業大開方
便之門。這些法令條例,調動了人們振興實業的積極性。

　　另外,南京臨時政府和隨後的北洋政府在民國初年相繼發表了以

72　中國第二歷史檔案館:《中華民國史檔案資料彙編》第二輯(南京市:江蘇古籍出版
　　社,1986年),頁35。

73　同上書,頁425。

74　見《政府公報》1914年1月14日。

發展實業為首務的施政綱領，並舉行實業研討會，發動社會關注實業問題。一九一二年四月，第一屆國務總理唐紹儀在參議院發表演說，強調實業的重要性。他說：「從前社會趨勢，專講究文字而不研究實業，致以地大物博之中國幾變為世界最窮之國家，以致非借外債即不能辦興利之事務，新政府成立後即分設農林、工商二部，其宗旨即在振興實業。交通一部關係尤重，路權航權等均須切實辦理……嗣後國家之發達全在於此。」[75]同年九月，工商部組織了一次全國性的工商業家代表會議，工商總長劉揆一在會上宣佈了政府政策，發動與會代表為發展國民經濟出謀獻策。到會的一百多位代表十分興奮，發言踊躍，提出議案八十多條。

中央各有關部門也都根據實際情況和自己的職權範圍制定了相應的鼓勵實業的細則和條規。如財政部擬定了《商業銀行條例》，鼓勵民間開辦銀行，收集資金；又籌建中華惠工銀行、庶民銀行、勸業銀行等，作為籌集資本的機關。工商部為鼓勵發明與改良工藝品，頒佈了《暫行工藝品獎勵章程》，凡發明或改良製造品，可向工商部申請獎勵，核實後，或於營業上給予五年以內的專利，或於名譽上給予褒獎。對於保障營業自由、提供貸款、獎勵創業成就等都制定出了具體的政策和辦法。

中央如此積極，各省政府也不甘落後。除了貫徹中央的政策方針外，還努力扶持、發展本省民族工業。如湖北、湖南、江蘇、浙江、福建、廣東等省政府有的宣佈廢除釐金，有的減免過境稅，有的改釐為捐使稅率有所下降。為瞭解決資金不足的困難，湖南省政府從財政開支中撥出「實業行政費」、「工商費」，幫助一些欠債的公司擺脫困境。廣東省政府募集「勸業有獎公債」，幫助民間集資開工廠。各省

75　見《申報》1912年4月2日。

政府還以愛國主義為號召，紛紛發出通告，力勸人民抵制外貨，勸工廠使用本國原料，改良工藝，與外貨爭奪市場。

此外，中央和各級政府還支持創辦實業報刊，建立實業團體，開設實業教育機構及勸業場、勸商場、國貨商品陳列所等。辛亥革命後，民國政府確實為振興實業創造了一個優良的社會環境。

雖然辛亥革命所帶來的民族資本主義工業的「黃金時代」是短暫的，但它卻是實業救國思潮在民初十年勃然高漲的最大社會原因。

二　革命派推動了實業救國思潮的高漲

辛亥革命前，資產階級的兩個派別——革命派和立憲派，因在要不要推翻清王朝的問題上產生分歧，互相對抗。革命後，國內的政治形勢發生了巨大變化，實業救國成了兩派的共識。資產階級革命派從前對發展實業不甚熱心，是因為他們認為清廷不推翻，一切無從談起，現在則感到政治革命的目標已達，工業革命的時期馬上就要開始，發展經濟、建設新國家是當務之急。革命領袖孫中山聽到武昌起義成功的消息趕回國內，在歸途中便有這樣的計劃：「此後社會以工商業為競點，為新中國開一新局面。」[76]回國後，更以極大的熱情號召國民廣辦實業。他說：「以前為清政府所制，欲開發而不能，今共和告成，措施自由，產業勃興，蓋可預卜。」[77]他主持的臨時政府在不到四個月的時間內，便發佈實業法令五十款，實業部辦理各類實業事項四十多起。孫中山讓位於袁世凱後，更加專心於實業建設。他在上海、武漢、福州、廣州、北京等地視察，所到之處都熱情地宣講實

---

76 《孫中山全集》第一卷（北京市：中華書局，1981年），頁547。
77 《孫中山選集》上卷（北京市：人民出版社，1956年），頁88。

業救國的道理，解釋民生主義的涵義。一九一二年四月十七日，他在
上海實業界歡迎會上發表講話說：「中國乃極貧之國，非振興實業不
能救貧。僕抱三民主義以民生為歸宿，即是注重實業。」[78]黃興也持
同樣的觀點，他說：「今者共和成立，欲蘇民困，厚國力，舍實業莫
由。」[79]一九一二年八月，孫中山、黃興與袁世凱在北京舉行會談，
雙方對於發展實業取得一致意見。孫中山、黃興在會談後分別擔任了
全國鐵路總裁和漢粵川鐵路督辦。有了這些領袖人物的宣導主持，一
時之間，實業救國的熱潮在全國湧起。

　　革命派報刊在此時期也紛紛著文鼓吹發展實業。《民國報》認
為，革命已獲成功，「政治上之問題告終，經濟上之問題伊始」。並斷
言二十世紀是世界各國經濟競爭時代，沒有強大的經濟力量，終將避
免不了成為「隸屬國」的命運。[80]《民國彙報》發出號召：「今後政體
既革，吾國第一流雄駿才智之士，發揚蹈厲於此東亞祖國者，其投身
實業者歟？」[81]於是孫武等革命黨人紛紛以其私產投資興辦實業。孫
武以一萬元入股漢口既濟水電公司，並任董事；又以四千兩白銀入股
漢口大旅店，成為擁有二分之一股權的大股東。陳其美與伍廷芳、于
右任、宋教仁等共同發起蒙藏交通公司，還擔任興中實業總公司的名
譽總理。譚人鳳任漢粵川鐵路督辦，胡漢民幫助籌辦南華郵船公司，
陳炯明參與發起惠潮鐵路有限公司，閻錫山讚助全晉保商總會。[82]

　　本來傾注全力於政治鬥爭的人們，現在大都把他們的精力轉移到
經濟建設上來，把振興實業作為辛亥革命後救國的根本之策。這使清

78　《孫中山全集》第二卷（北京市：中華書局，1982年），頁339。

79　《黃興集》（北京市：中華書局，1981年），頁252。

80　丁守和主編：《辛亥革命時期期刊介紹》（三）（北京市：人民出版社，1983年），頁
　　717。

81　《民國彙報》第一卷，頁862。

82　胡繩武、程為坤：〈民國初年的振興實業熱潮〉，載《學術月刊》1987年第2期。

末以來的實業救國思潮在新的歷史時期中獲得了巨大的社會反響，增加了新的力量，出現了辛亥前無法比擬的新局面。

三　辛亥革命並未消除民族的危機感

實業救國思潮的急劇高漲，也與民族危機的加深密切相關。辛亥革命推倒了壓在民族工業頭上的一座大山——清朝封建勢力，但另一座大山——外資勢力卻未傷一根毫毛。新政府反而因為希望借助外力鞏固政權而對它們妥協，給予外國資本更多進入中國的便利。新政府除了繼續承認西方列強強迫清政府簽訂的一切不平等條約和外債賠款外，還借了更多的外債。除承認帝國主義國家和個人在中國所奪取到的一切特權和利益外，還發佈命令：「妥飭兵差認真防範，保護外人生命財產。」[83]因此，民國初年，外國在華勢力不但沒有削弱，反而有所增強，中國喪權比晚清為甚。這樣，中國經濟界對於民族工業的危機感便大大增加。為抗衡外國勢力，呼籲振興民族工業的聲浪更高了。

袁世凱上臺後，從一九一二至一九一六年，共舉借外債近五億元。除海關關稅收入外，把中國的鹽務收入也拱手送與外人。為了逃避國人譴責，袁世凱後期儘量不用政治名義而用經濟名義借款，以鐵路修築權作為擔保，導致帝國主義再次在中國掀起掠奪鐵路權益的高潮。從一九一一至一九一四年，帝國主義在中國獲取到修築權的鐵路長達一萬八千公里[84]，大大超過了列強在十九世紀末年掀起第一次瓜分中國狂潮中所取得的鐵路長度。

---

83 《孫中山全集》第一卷（北京市：中華書局，1981年），頁18。

84 吳承明：《中國資本主義與國內市場》（北京市：中國社會科學出版社，1985年），頁18。

此外，中國的大型煤礦、鐵礦也相繼落入外人之手。一九一二年出賣了灤州煤礦給英人；一九一三年漢冶萍公司被日本人控制；比利時、俄羅斯也分別以合營方式控制了河北省宛平的裕懋公司和吉林東寧的綏芬金礦公司。在一九一二至一九一四年間，外國公司控制的煤礦其產量占全國總產量的一半以上，年產百萬噸以上的大型煤礦全部為外國公司所掌握。[85]外國公司在中國的企業投資迅速增長，一九一四年占其對華投資總額的百分之六十七點三，絕對額是一九〇三年的一倍，直接投資於中國的機械、造船、紡織、食品等工業。在棉紡織工業中，從一九一二至一九一四年間，外資紡織企業的紗錠數由二十三萬九千枚增加到四十六萬五千枚，增加近一倍。而同期的華資廠紗錠，僅增長百分之九。[86]外資勢力的增長及其對華資企業的排擠、傾軋，使中國民族經濟的發展受到嚴重的威脅。

深重的民族危機，使得一些有識之士一再提醒人們：「今日中國之工商，實已為外國經濟勢力所壓倒，無論何種職業，皆失其自存之力。非大為革新，以謀抵禦此潮流，則全國人民，舍為外人苦力之外無他事可圖也。」[87]經濟獨立、實業救國成為辛亥革命後國人追求的一個必然的目標。

四 辛亥後實業救國思潮的新發展

辛亥革命後，實業救國思潮無論在思想內容、理論深度、政策措施，還是模式設計上，都比前清時期前進了一大步。前清實業救國思

---

85 嚴中平等：《中國近代經濟史統計資料選輯》（北京市：中國社會科學出版社，1955年），頁123-125。

86 史全生主編：《中華民國經濟史》（南京市：江蘇人民出版社，1989年），頁60。

87 梁啟超：〈北京商會歡迎會演說辭〉，收錄於《飲冰室合集・文集》之二十九（北京市：中華書局，1989年），頁28。

潮的主要內容，首先是對發展實業重要性的論證，認為「救國的根本在於實業」；其次是提出興辦實業的各種具體主張。總的來說是一種初步的、淺層的思想。辛亥革命後，實業救國思潮有了如下一些發展。

（一）增加了很多新鮮內容，整個思潮顯得豐滿和活躍

除了繼續論證實業發展在新時期的重大作用之外，對於經濟立法、理財方針、國營經濟與私營經濟的關係、保護工商業政策、對外開放政策等重大原則問題，提出了很好的意見。特別是發展國民經濟的總體設想，使實業救國思潮登上了一個高峰。

1.經濟立法思想。建立一個法治的國家，是中國資產階級在辛亥革命後致力的一個目標。在制定憲法的同時，經濟法也提上了議事日程。在一九一二年十一月召開的全國工商會議上，資產階級代表向北洋政府提出重新釐定各種經濟法的要求，他們認為，沒有完備的經濟法，「則工商必日就衰微，永無振興之一日」。當上農商部長的實業家張謇，批評前清對「農商行政，向無法規為之依據」，或「雖有法而不完不備」[88]，致使封建勢力任意對工商業進行摧殘。他認為發展實業的第一條措施，便是「乞靈於法律」。他說：「法律作用，以積極言，則有誘掖指導之功，以消極言，則有糾正制裁之力。二十年來，所見諸企業者之失敗，蓋不可以卒數，推原其故，則由創立之始，以至於業務進行，在在皆伏有致敗之釁，則無法律之導之故也。」[89]他在農商部長任內制定了《公司法》、《商人通例》、《公司保息條例》等二十多種農林工商法案，鼓舞了更多的人投資於實業，保護了工商業

---

88 張謇：〈實業政見宣言書〉，收錄於《張季子九錄・政聞錄》卷七（北京市：中華書局，1931年）聚珍仿宋刊本。

89 張謇：〈實業政見宣言書〉，《張季子九錄・政聞錄》卷七（北京市：中華書局，1931年）聚珍仿宋刊本。

者的利益，促進了企業的健康發展。

2.理財救亡論。一國的財政狀況與實業發展的關係極為密切，正所謂「振興實業，首重金融」。但民初的財政極為凋蔽，對於實業的發展很不利，所以民初理財思想甚為豐富。孫中山在一九一一至一九二三年間，為了鞏固新生的資產階級政權，在理財方面提出了一些應急措施。開始是舉借外債，提出借外債的三條原則：一不失主權，二不用抵押，三利息甚輕。但由於四國銀行團的封鎖借不到外債，孫中山便把眼光轉向國內，提出舉辦國民捐和不兌換紙幣作為權宜之計。一九一二年年底，還提出了一個幣制改革方案——錢幣革命論。梁啟超因任職時間較長，先後出任過司法總長、財政委員會委員、幣制局總裁、財政總長等職，比較注意從根本上去解決問題，提出了標本兼治的理財總綱。他說：「處今日之中國而言理財，非補苴罅漏所能有功，必須立一根本的大計劃焉。其綱領旨趣，則在將貨幣政策、銀行政策、公債政策、租稅政策冶力一爐。」[90]在袁世凱和北洋政府中執掌交通、銀行大權的梁士詒，提出了整頓稅制、改革幣制、發行國內公債、發展金融業等一系列理財方案。雖然在整個北洋軍閥統治時期，由於政局不穩，很多理財措施無法實行，財政也始終一片混亂，但這些理財思想還是具有一定的思想價值和實踐意義，對後來中國財政逐步走上正軌提供了不少好的意見。

3.發達國家資本論。民國初年發達國家資本的主張，是由兩個派別從不同的出發點提出的。一派是以孫中山為代表的資產階級革命民主派，從防止貧富懸殊和避免階級矛盾激化的願望出發，主張中國實行大工業國有，發達國家資本，節制私人資本，一面圖國家之富強，

---

90 梁啟超〈治標財政策〉，《飲冰室合集‧文集》之二十九（北京市：中華書局，1989年），頁52。

一面防資本家壟斷之流弊。孫中山把資本區分為私人資本和國家資本，認為對私人資本要加以一定的節制，而對國家資本則主張優先大力發展。另一派是以周學熙、梁士詒為代表的官僚資本家，他們在政府中身任要職，他們主張發達國家資本，與他們自身的利益有密切的關係。不過他們主張發達國家資本，對外亦具有抵制外資入侵的意圖，對內則著眼於調和勞資矛盾和鞏固袁世凱為代表的大軍閥大買辦政權。

民國初期出現的「發達國家資本論」，是以國營經濟為主導的發展國民經濟的方針，在當時具有歷史的必然性。由於清政府的壓制和帝國主義的爭奪，中國的民族資本並不發達，幾乎都只是中小資本。鐵路、礦山、電力等大型基礎工業，以中小資本家之力，難以進行高速度的建設，如果由國家經營，比較容易發展起來，此其一。外國資本在中國勢力雄厚，中國私人資本難與之競爭，發達國家資本，有利於建成獨立的資本體系與外人抗衡，並收回利權，此其二。私人壟斷資本主義在西方國家已發展到高峰，並出現了難以解決的社會問題，西方國家都在紛紛調整資本制度，控制私人資本的過度膨脹，這使中國的經濟界人士感到中國不應再走這條「西方文明的舊路」，此其三。中國一開始步入工業化就走一條以國營經濟為主導的道路，這種想法是具有獨創性和合理性的，只要政權問題獲得完滿解決，不失為一種快速進行工業化建設的正確方針。

4.保護主義與開放主義。保護主義有兩個內容，一是保護國內市場，一是保護生產環境。要求政府制定保育政策，扶持幼稚企業的成長；要求減免稅收，提高國貨在市場上的競爭力。梁啟超在民國初年就提出政府要實行保育政策的六點理由。[91]張謇認為，要振興實業，

---

91 梁啟超：〈中國立國大方針〉，收錄於《飲冰室合集‧文集》之二十八（北京市：中華書局，1989年），頁46。

政府必須致力於獎助。他提出扶持實業的兩種政策，一為獎勵，二為補助。[92]

　　開放主義是辛亥革命後思想解放的產物。在民初林林總總的開放主義言論中，以孫中山的開放思想最為系統、深入和理論化。孫中山從理論上闡述了開放的必然性、必要性和可行性，批判清政府「荒島孤人」的思想及排外懼外的政策，大膽地提出「將中國內地全行開放，對於外人不加限制，任其到中國興辦實業」的主張。當時要實行開放主義，會遇到很多難題，比如怎樣在引進外資時不失主權？怎樣避免外人操縱把持企業？怎樣籌還欠債？等等。對於這些具體問題，孫中山、張謇、梁啟超等人都提出了各種原則和辦法。

（二）對經濟理論的介紹、探討與運用比前有所強化，並注意從中國實際出發對西方經濟理論進行選擇取捨

　　梁啟超在這一時期寫的經濟論著，用通俗流暢的語言，引用了不少近代西方經濟學理論，對資產階級經濟學在中國的傳播起了十分重要的作用。他發表的關於發行公債、推行銀行制度、美國準備金制度和不換紙幣制度等議論中提到許多近代經濟觀點，對中國人來說都是十分新鮮的。他的財政金融理論吸收西方各家各派而形成，比較龐雜，但他能對這些西方貨幣理論全面系統地進行比較研究，不是生吞活剝，而是緊密結合中國實際，提出自己獨到的解決中國幣制問題的意見，顯示了當時中國向西方學習所達到的廣度和深度比辛亥革命前大進了一步。孫中山的民生主義在辛亥革命後有了很大的發展，理論水準也大大提高了。一九一九年孫中山寫成的《實業計劃》是理論上有突破性發展的宏篇巨製。

---

92 張謇：〈宣佈就部任時之政策〉，收錄於《張季子九錄‧政聞錄》卷七（北京市：中華書局，1931年）聚珍仿宋刊本。

據統計，西方經濟學自十九世紀八〇年代開始在中國傳播，辛亥革命前，出版了十六、七部譯著，國人自編的只有幾本。辛亥革命後，從一九一二至一九一九年間，出版了二十多本經濟學譯著，其中國內學者自編的占三分之二。辛亥革命前，報章雜誌上刊載私人撰述的經濟論文多出自西人之手，而辛亥革命後，這些撰述基本上為國人自撰。而其範疇，則都屬於資產階級庸俗經濟學類型。[93]

辛亥革命後的實業救國思潮，也表現出對北洋政府和西方資本主義國家的幻想，以及一些脫離實際的傾向，但總的來說，這一思潮集中表明中國的仁人志士們對中國經濟發展傾注了極大的心血。他們對實業發展所進行的宏觀和微觀的觀察與思考，有力地影響著中國後來工業發展的方向、道路與模式。張謇的「棉鐵主義」，孫中山的「實業計劃」，梁啟超的財政金融體制的改革設想，都從宏觀方面探討和提出了中國工業發展的路線、方針以及國民經濟體系的構架、規模等問題；而梁士詒的理財思想精細入微，張謇的企業管理經驗豐富，孫中山的開放主義設想周到，又從微觀方面對中國工業發展過程中遇到的各種困難和具體問題予以理論的指導和提出解決的辦法。這些思想直至今天對我們來說都有重要的借鑒意義。

理財救亡論：孫中山、梁啟超、梁士詒之主張

財政狀況關係到一個政權的盛衰，這在清末民初尤為明顯。清季財政的破產，是清王朝崩潰的根本原因之一。民國成立後，政權是否鞏固與財政是否好轉更是緊密相連。已有不少學者指出，財政困難是

---

93 胡寄窗：《中國近代經濟思想史大綱》（北京市：中國社會科學出版社，1984年），頁384。

逼使孫中山讓位於袁世凱的直接原因，而袁世凱的倒臺，又與當時兩大國家銀行空虛大有關係。由於民國初年財政問題極為嚴重，不少志士仁人喊出「理財救亡」的呼聲，提出了種種理財方案。雖然，在整個北洋軍閥統治時期，財政始終是一片混亂，可以說幾乎從未脫離恐慌的處境，但在這期間提出的理財思想，對後來中國財政逐步走上正軌貢獻了不少好的意見，對今天的財政工作也仍有啟示。

一　「理財救亡論」的提出

中國自從庚子事變後財政便深深地陷入了困境。清政府因簽訂《辛丑合約》，每年要償付的外債本息達四千萬至七千萬兩白銀。另外，貿易入超額每年為六千萬至兩億兩白銀，兩項合計，平均每年起碼有二億兩白銀流出中國。

國內的生產事業發展不起來。原有的官辦工業和民間手工業，在外資企業的衝擊之下，衰落日甚一日。加之人口增加，求業日艱。一九一○年，梁啟超以極其悲痛的筆鋒描寫了這種觸目驚心的事實：「中人之家，恒苦不贍，食力小民，豐歲猶且飢寒，一遇水旱偏災，則餓殍塞途，轉徙而之四方者，常數萬計，其稍悍者，則迫而為盜賊⋯⋯若夫通都大邑，十年前號稱殷富之區，今則滿目蕭條，而商號之破產，日有所聞，金融緊迫，然不可終日之勢。」[94]正所謂「四海困窮，天祿永終」，清朝統治者把整個國家拖進了民窮財盡的苦難深淵，從而也宣告了自己的滅亡。

一九一二年南京臨時政府成立，新政權面臨嚴重的問題：除了難

---

94 梁啟超：〈論中國國民生計之危機〉，收錄於《飲冰室合集‧文集》之二十一（北京市：中華書局，1989年），頁24。

以償清的賠款和外債之外，戰爭所造成的對生產的破壞，使各項稅收難以完納；帝國主義銀行團扣留了關稅和鹽稅的大部分，不交給革命政府；各省獨立後，對前清額定應解中央之款及攤派的賠款指標，均不再上繳；而為了保衛新政權，又需要維持一支龐大的軍隊，致使軍費支出激增。

武昌起義勝利後，孫中山就清楚地認識到財政問題是新生革命政權能否存在的關鍵。他在致美國朋友咸馬裏的電報中說：「如得財力支持，我絕對能控制局勢。」[95]為了籌款他四處奔走，求助於外國資本集團，希望能帶一筆巨額貸款回國支持革命。回國後，他把理財工作放在建設工作的首位，經常宣傳：「我中華民國成立，今正當建設之始，財政為急。」[96]「今民國注重建設，其首要當在財政。」[97]袁世凱得外國財力的支持而上臺，對財政問題自然更為重視。他在北京就職時，親臨參議院開院禮，並致演說辭，其中提到：「百廢待興，要在財政……故先訂整理財政大綱，增加財政信用。」[98]特設財政委員會，籌畫全國財政。制定章程 10 條，任周學熙為財政總長，梁啟超、陳威、越椿年、徐恩元、劉炳炎和管象頤等為委員。當時總統府秘書長兼財政部次長梁士詒發表《告國人書》，指出：「民國存亡，以財政為最大關鍵，稍有常識者所知。若於此千鈞一髮之時，不求耙梳整理之法，外之則債權逼切，監督之禍，固等於瓜分；內之則公私困窮，破產之危，亦何止瓦解。」[99]理財救亡論被正式提出來了。

95　《孫中山全集》第一卷（北京市：中華書局，1981年），頁544。

96　《孫中山全集》第二卷（北京市：中華書局，1982年），頁371。

97　同上書，頁369。

98　鳳岡及門弟子編：《三水梁燕孫先生年譜》上冊（臺北市：文海出版社，1966年），頁117。

99　鳳岡及門第子編：《三水梁燕孫先生年譜》上冊（臺北市：文海出版社，1966年），頁137。

　　梁啟超從日本回國以後，先後出任袁世凱政府的司法總長、財政委員會委員、幣制局總裁，以及段祺瑞政府的財政總長等職，把主要精力放在治理國家財政工作上來，為爭取財政的好轉而努力。他到處宣傳世界經濟大勢及中國在國際上的地位，指出只有經濟振興，中國才能真正取得獨立的地位，從而深化和提高了理財救亡論的內涵與意義。

　　民國初年的實業界亦十分關注財政問題，因為財政狀況與實業發展的關係極為密切，財政的好轉需要實業的發展來支持，財政的整頓和改革又是實業發展的前提。實業界人士希望政府制定有利於實業發展的財政金融政策，為民族資本主義的發展創造條件。

　　可見，在民國初年，財政問題引起了社會上下的高度重視，理財救亡論也成為民初社會思潮中的一個重要內容。

二　孫中山的應急之計

　　各省獨立之初，不論革命派或立憲派，都曾把舉借外債作為解決財政困難的最為簡捷有效的辦法。上海實業界翹首期待孫中山從國外帶回外資，孫中山也把希望寄託在外債上。他在武昌起義成功後並不急於回國，而是到處奔走，與各國財團洽商借款，並樂觀地估計：「俟臨時共和政府成立，則財政無憂不繼，因有外債可借，不用抵押，但出四釐半息，已借不勝借。」[100]在籌畫借款的具體條件時，他對胡漢民、廖仲愷說：「滿清借債之弊竇，第一則喪失主權，第二浪用無度，第三必須抵押。」[101]為避免重蹈覆轍，他提出借外債的三個

100　胡漢民編：《總理全集》第二集（上海市：上海民智書局，1930年），頁791。
101　《孫中山全集》第一卷（北京市：中華書局，1981年），頁568。

原則:「若新政府借外債,則一不失主權,二不用抵押,三利息甚輕。」[102]他特地任命有借外債經驗的陳錦濤為財政部長,辦理對外借款。但現實與孫中山的想法相去甚遠,英、美、法、德四國銀行團對他的借款要求置之不理,而日本則乘機提出以企業鐵路作抵押的苛刻條件,遭國內實業界強烈反對而借款無成。

孫中山在四國銀行團封鎖而借不到外債的情況下,把眼光轉向國內,曾提出舉辦國民捐與不兌換紙幣作為權宜之計。

國民捐的捐納辦法是:「大要以資產計算,除不滿五百元之動產不動產捐額多少聽國民自便外,其餘均以累進法行之」;「政、學、軍、商各界及各工廠之職工等,除以資產計算捐納外,應按其月俸多寡,分別捐十分之一二,以三個月為限。月不滿十元者,捐納多少聽便」。[103]這個運動主要是向富有者徵收,一方面發揚人民的愛國精神;另一方面也帶有義務和強制性質。如果舉國上下同心,發憤圖強,共渡難關,並非不可以辦到。但由於國內派系眾多,意見分歧,加上袁世凱的破壞,這個運動流產了。

後來,孫中山辭去臨時大總統之職。但在二次革命前,與袁世凱仍處於合作關係,所以對中央財政問題還很關注。一九一二年五月,袁世凱與六國銀行團簽訂條件苛刻的墊款合同,孫中山反對以犧牲國權作交易,提出發行不兌換紙幣以籌集資金。是年年底,沙俄乘亂策動蒙古獨立,為籌集軍費「抗強鄰而保領土」,孫中山修改完善了自己推行紙幣的設想,正式提出了幣制改革方案——錢幣革命論。

起初孫中山提出發行不兌換紙幣時,這個建議遭到很多人的反對。比如,梁啟超發表的〈吾黨對於不換紙幣之意見〉就較有代表

---

102 同上書,頁568。

103 《黃興集》(北京市:中華書局,1981年),頁203。

性。他認為：「不換紙幣者，借法律強制之力，而暫以紙代表貨幣也。凡言代表，則必須先有被代表之主體存焉。……必有貨幣之國，然後能行不換紙幣，而無貨幣之國決不能行。」[104]梁啟超認為中國是無貨幣之國，因為當時中國貨幣十分混亂，大部分用生金生銀，另外還有龍圓、小銀圓、銅圓以及外國紙幣、外國銀圓等，相互的比價沒有一定標準，還隨時漲落，沒有一種能作為標準貨幣。所以他認為，要發行不換紙幣，第一，要定好幣制本位，立起一個系統，然後才能發行代表它的紙幣。否則，添亂而已。第二，不換紙幣因製作容易，如果當局不能嚴自約束，在財政困難時極易濫發，一旦濫發，大患無窮。第三，目前中國法律強制之力十分薄弱，能否強令人民以毫無價值之紙代替金銀，還要打個問號。如果人民不樂於用，即無用也。中國銀行監督吳鼎昌在致大總統和國務院的電文中說：「發行不兌換券需要三個條件：一、政府信用厚固；二、國家主權健全；三、本國金融機關完備。」[105]國務總理唐紹儀則認為：「發行不換紙幣，固屬救急之法，然按之事實上有勢不得行者二：一、國民對於政府尚無信用；二、發行此項紙幣必須強迫行使，國民不察，恐或群起反對。」[106]

反對者的意見，有不少是中肯和切合當時中國實際的，使孫中山也意識到自己的紙幣方案有缺點和不夠妥當的地方。一九一二年七月，孫中山應袁世凱之邀到北京共商國事時，又與總統府秘書長梁士詒商討如何取信於民。梁士詒說：「幣制為物價代表，饑不可食，夫人知之。惟中國數千年來幣制之由重而輕，由粗而細，皆以硬幣為本位，若一旦盡易以紙，終恐形格勢禁，未易奉行，故必先籌其所以取

---

104 梁啟超：〈吾黨對於不換紙幣之意見〉，收錄於《飲冰室合集・文集》之二十八（北京市：中華書局，1989年），頁4。
105 見《政府公報》1912年6月4日。
106 見《申報》1912年6月12日。

信於民之方法。」[107]梁士詒認為要推行紙幣，一是先要建立信用，國家要有準備庫；二是要重視人民千年來形成的習慣，假以時日，不能太急。

在聽取了各種意見的基礎上，一九一二年十二月，孫中山在〈倡議錢幣革命對抗沙俄通電〉中，提出了貨物保證制的紙幣制度方案。這是中國近代第一個紙幣制度思想。他的方案大體包括如下內容：

1.發行制度。由國家統一發行紙幣，不准金銀在市面流通，使紙幣成為惟一貨幣。國家用法律手段建立起紙幣的信用。發行方法分為兩類：一類是用國家賦稅為保證而發行的紙幣；一類是以民間收來的金銀、貨物或產業為保證而發行的紙幣。這樣便能把貨幣的發行量控制在財政收入所允許的範圍之內，嚴禁違額濫發。

2.貨物擔保制度。為了紙幣的信用，擬用貨物作為擔保，辦法是由國家建立公倉工廠，以公倉儲備貨物和工廠產品作為發放紙幣的擔保。

3.回收制度。設立銷毀局，以稅收形式收回的紙幣和以出售貨物收回的紙幣是已經失去擔保的死票，悉交銷毀局毀之。

孫中山這個方案，對如何建立紙幣的威信、如何使紙幣成為市面上流通的惟一貨幣、如何防止濫發的流弊等問題都提出瞭解決的辦法。但是，紙幣制度要在中國當時的條件下實行，還有很多問題沒有解決。比如，商品、貨幣的分佈、流通、調節問題十分複雜，國家掌握的商品的數量、品種能否滿足市場的需要？商品價格起落如何控制？以貨物、商品、工廠和產品為保證而發放的貨幣能否滿足流通的需要？收回銷毀紙幣的工作是否妥當？孫中山對這些問題都來不及研究和提出切實可行的具體措施，這使紙幣制度缺乏實施的前提。同

---

107 鳳岡及門弟子編：《三水梁燕孫先生年譜》上冊（臺北市：文海出版社，1966年），
　　頁124。

時，孫中山認為在國內資本主義經濟尚未發達的情況下，通過發行紙幣就可以不必再借外債，「財政立可活動」，「工業振興，前途無量」，一舉而解決財政困難和統一幣制兩大問題，只是幻想。而且，孫中山已經不掌握政權，雖有好的想法也無法付諸實施。

但孫中山的錢幣革命論仍不失為一個獨具特色和遠見的幣制改革設想，對於建立一個中國自己的現代貨幣體系具有啟迪意義。

三　梁啟超的「標本兼治」

梁啟超在民國初年因出任司法總長、財政委員會委員、幣制局總裁、財政總長等職，對國家財政問題一直很關注。

梁啟超的理財思想與孫中山有很大的不同。他另闢蹊徑，提出了「治標」與「治本」相結合的對策。他的「治本」，是以增加歲入為主要內容，「治標」則是「綜覈歲出」。他說，這如車之兩輪，缺一不馳。他反對在外債、國民捐、不換紙幣等問題上大家爭論不休，消磨日月。

關於「治標」，梁啟超在民國元年（一九一二年）發表了〈治標財政策〉一文，一針見血地指出，中國之財政，確非歲入觳薄之為患，而實歲出浮濫之為患。從而把節省財政支出作為治標的主要精神。

他列舉了當時政府公佈的財政數字，逐條指出其中的浮濫、虛報和浪費貪污的嚴重現象。梁啟超激烈地批評了冗官冗吏，說他們是一群高級無業遊民。他說，前清由於絞盡全國的膏血以養這群高級無業遊民，以致引起人民革命，命既革而此種現象不革，則革命何為？革去一群無業遊民，而復由他群之無業遊民照數以承其乏，則必釀第二次革命而已。故今日造新政府，其第一義在使署無濫缺，缺無濫員，員無濫俸。

梁啟超提出以「核綜名實」為解決之方。他認為，只要派出有專門知識的人員，實地調查研究，實事求是地一一評估出各項開支的數額，壓縮不必要的支出，便可大大裁減經費。即使不增加歲入，也可解決入不敷出的問題。另外，還可參照日本、美國政府的行政設置和經費支出，來決定我國政府人員的數額和薪金。別人用十個人可以做的事，我們不要用十個以上的人；別人生活程度在我們之上，我們薪俸亦只能比別人少而不能比別人多。如果政府人員能出以公心，此事亦不難辦到。

梁啟超還從理論上提出了衡量政費支出是否適當的三個標準及財政上是否浪費的四條原則。他說：「財政學家論政費支出之當否，懸三種標準以為衡：一曰以國家職務最狹之範圍為標準；二曰以各種職務必要及有益之程度為標準；三曰以辦理此種職務所需最少之勞費為標準……財政上浪費與非浪費之區別，常立四原則以繩之：一曰有勞費無效果者則為浪費；二曰可以無須爾許勞費而能得到同樣之效果或更良之效果者，則其額外所用皆為浪費；三曰將以求大效果之勞費而用以易小效果則為浪費；四曰當用此勞費時，預計可以得若干之效果，而後此乃反於其所期，或絕無效果，或雖有而不逮預計遠甚者，則其所用皆為浪費。」[108]

「治標」之策抓到了清末民初財政上的要害問題，具有革命的眼光。但此種「大手術」，在北洋政府時期，不可能施行。

梁啟超不光著眼於解決目前危機，還強調要「治本」，因而提出了一個治理財政的總綱。他說：「處今日之中國而言理財，非補苴罅漏所能有功，必須立一根本之大計劃焉。其綱領旨趣，則在將貨幣政

---

108 梁啟超：〈治標財政策〉，收錄於《飲冰室合集・文集》之二十九（北京市：中華書局，1989年），頁52。

策、銀行政策、公債政策、租稅政策冶為一爐。」[109]

　　改正稅則，增加歲入，是梁啟超提出的治本之第一策。他認為，我國為四萬萬人口的大國，而歲入僅及三萬萬。從數字上看，人民平均負擔甚輕，其輕程度，可為世界之最。但人民卻感到負擔太重，主要原因是稅制不良之故。不良的稅制既使國家收稅不足，而人民又得不到輕稅之利，所以應按學理建立起一個正當的租稅系統。他認為，如切實整頓稅制，三年內國庫收入便會增加，加以有減縮政費支出的計劃相輔助，財政便可好轉，如年年收入遞增，數年後，不必增設稅目，不必增徵稅率，國庫收入便會改善，財政基礎可以大定。

　　整頓金融，改革幣制，為治本之第二策。梁啟超提出的辦法是，擴充中國銀行，鞏固其兌換券之信用，用銀行兌換券吸集現金，發行公債作為兌換保證準備，以兌換券易收濫鈔，從而達到發達銀行、統一幣制、改良國庫的目的。

　　梁啟超認識到腐敗的政治是中國金融業發展的巨大障礙，所以他又提出銀行業務要獨立於政府政治之外，市民要行使自己作為銀行債主的權利，監督銀行業務的正常運行。同時希望人民通過管理金融，逐步學會管理國家。他說：人民要管理國家，可先從管理金融開始，千萬不要受幾千年祖宗遺傳的影響，以為越少管閒事，自己越舒服、越安全。今天的世界與往日不同，金融界一個亂子鬧出來，任你萬貫家財，立時完蛋，惡政治一個波浪沒頭沒臉地打來，直打得你片瓦不存，葬身無地。生於今日之人若要不管政治，你就別想再活得成。他根據自己的金融知識，還提醒市民要注意監督五件事。人民對銀行行使監督權，是梁啟超政治民主思想在經濟上的反映，也是他的理財思想歷史進步性所在。

---

109 同上。

整頓官辦企業，特別是鐵路、郵政和電報等大宗收入的企業，為治本之第三策。梁啟超認為，我國鐵路進款不但因作弊多報銷不實而減少，更重要的是開車太少、腳價太昂以及種種設備不完招待不周致使營業不能發達。只要大力加以整頓，可成為政府一項莫大的財源。

梁啟超的理財思想具有系統性和針對性，且有一定的理論依據。他用通俗流暢的語言引用了不少近代西方經濟學理論，並對這些理論加以消化，結合中國的實際，提出自己獨到的解決中國財政問題的意見。所以，他的理財思想在民國初期經濟界具有很大的影響。

四　梁士詒的理財方略

民初的理財救亡論者中，還有一位代表人物不應忽略，這就是被譽為「理財能手」的梁士詒。梁士詒是袁世凱政府和北洋政府的中樞人物，曾為促進南北和談、清帝退位、袁世凱上臺積極奔走，袁當上民國臨時大總統後，授梁士詒為總統府秘書長，使之如左右手。民國初建，梁士詒極想有所作為，主張首先融和內部，團結人心，因此極力撮合孫中山與袁世凱的北京會談，全力支持孫中山的鐵路計劃。後孫、袁破裂，梁為保存祿位，仍依附、效忠於袁世凱。他執掌交通、銀行大權，對外借款，對內搜刮，為袁世凱復辟帝制籌集經費。一九一六年袁世凱死後，他逃亡香港。一九一八年才回到北京，又出任安福國會參議院院長。在政治立場上，梁士詒是不足道的，但在民族立場上他表現出一定的愛國思想和實際行動，他對於民族的獨立、國家的富強表現出很大的關注，對振興經濟、發展實業做過不少的努力，他的經濟思想、理財方略、實業政策對當時社會經濟的發展起過一定的促進作用。

民初，梁士詒作為主管財政部的代理部長，經常與梁啟超等人商

討財政問題，而兩人的觀點也有很多相似之處。梁士詒認為舉借外債要受制於人，而且以外債充行政之需，尤為財政原則所大忌，故對外債不甚贊同，而極力主張以新稅、內債和實業為彌縫財政入不敷出的辦法。但由於政府在人民心目中向無堅固信用，又經近年政局更迭，內債募集為艱，改良稅法在國體初定之日、積重難返之時，各省諸多掣肘，新稅新法根本無從實行。而銀行實業，首需資本，一時更無從籌集。所以，他先提出治標之策四條：（1）勵行節餉主義。裁遣各省餘兵及不急之軍事機關，軍費不要超過預算。（2）勵行減政主義。去不急之政務，並駢枝之衙署，以清其源，裁冗濫之官吏，節浮靡之俸給，以覈其實。（3）增加新稅。推廣印花稅、所得稅和契稅，增加煙酒稅率，試辦牙稅。他把西方的最新學說引入中國，這就是英、德等國在十九世紀下半期新設所得稅的稅制改革論，從而把租稅的源泉從「生產事業」擴大到「一般的收入」，認為這樣不但能使納稅負擔符合普及、公平的原則，還可以收到增加巨額國庫收入的功效。（4）整頓舊稅。他說，我國各稅，無一稅無弊，即無一稅不待整理，惟弊之最甚而極待整理者，莫如鹽稅。政府從鹽稅均稅下手，以平全國人民之負擔，而為將來改革之準備。另田賦、關稅、釐金亦要逐一研究，詳求整頓之策。首先要力圖恢復舊額，以固財政之基礎。以上四策，（1）（2）兩策為節流，（3）（4）兩策為開源，這個稅制改革主張，就其理論上說，有合理之處，實行起來，也會增加北洋政府的稅收，但這樣會大大加重人民的負擔，在民力凋蔽之時，顯然不合適。但為了救財政的「倒懸燃眉之急」，他也顧不得許多了。

　　一九一四年，歐戰發生，外債難借，北洋政府決定舉辦內國公債，委任梁士詒為內國公債局總理。梁士詒為了辦好這次公債，先對前清和民國元年（1912 年）多次舉辦公債失敗的原因進行總結，認為第一是我國風氣未開，民情扞格，人民不知公債之利；第二是政府

信用未立；第三是經理不得法；第四是定額過高，還本時間過長，發行不易。為此他制定了相應的措施。首先，宣傳公債的好處和意義，讓大家明白公債是西方各國通行的一種成功的理財方法，能調劑全國金融，發達人民生計。他總結出公債有利於人民的好處五條，大造購買公債利國又利民的輿論。其次，在建立信用上下工夫。在歷次內債信用破壞無餘的情況下要建立起信用確實不易，梁士詒殫精竭慮，訂下了各種規則。比如，推舉有聲望的人為公債局董事，以增加人民的信心；募集不假手於吏胥，而由各省財政機關代募，並嚴格規定只准勸募，不准勒派；針對人民對外國管理方式較為贊許的心理，採用中外合辦方式，參用洋員；為力求徵信之確據，指定確實基金為還本付息之保證；制定保息辦法，籌足全年利息交存外國銀行，不得挪作他用，等等。在管理上也訂立了一套嚴格的規章制度。最後，為推動發行，第一期制定相應的優惠措施。如定額不高，並縮短還本付息時間，第一期購買者還可獲優惠條件、九四折扣等。在發售方法上推行包賣制，大部分公債由資本集團承包。由於主要用經濟手段而不是用行政手段去舉辦公債，因而民元、民四公債的發售都超過了定額，創造了我國內債史上的最好成績。據當時人回憶，民三冬間在天安門搭棚公開舉行愛國、軍需兩種公債抽籤還本付息活動，結綵懸燈，佐以樂隊，「舊都人士詫為未睹」。自是以後人民大眾知道公債與捐稅大異，而踴躍樂購，認為是一種商業投資行為，風氣因之大開。此後二十年凡國庫缺乏時，例發公債，都是遵照梁士詒所訂立的條規去辦理。可見，梁士詒確實是開創了內債成功的先例。他把西方理財方式成功地引用到中國來，轉移了人民的心理，使民間窖藏不出及浪用無度的貨幣吸引到生產流通領域中來，使人民逐漸習慣於資本主義經濟方式，並活躍了中國近代金融業，有利於整個社會經濟的發展。

但是，梁士詒的理財成就對實業發展的幫助是很有限的。他募集

的大部分債款沒能用於實業，而是用於維持北洋政府的反動統治，彌補其軍政費用之不足。所以，梁的經濟才能被他的政治立場所限，未能對國計民生有重大的裨益。

　　民初的理財家們雖然嘔心瀝血，付出了很多努力，但在北洋軍閥的統治下，割據、混戰連年不斷，政局多變，財政改革無法進行，財政亦終無好轉。一九一三年，歲入總額為三億三千三百九十萬元，一九一九年只增加到四億三千九百五十萬元，收入的增長甚少。歲出總額則從一九一四年的三億五千七百萬元增長為一九一九年的四億九百五十八萬元，支出不僅無法縮減，甚至控制不住，始終是入不敷出。政府靠借債度日，對外國帝國主義的依賴日益加深，理財救國，終成畫餅。

二十世紀思想界之開篇：民族主義

一　民族主義的提出

　　在近代中國各種社會思潮中，民族主義是最為重要的思潮之一。比較嚴格意義上的民族主義是在二十世紀開始時才在中國興起的。一九〇〇年，帝國主義列強為鎮壓義和團所發動的侵華戰爭，對中國人民的刺激超過了以前任何一次侵略戰爭，它使中國人民感到亡國之禍迫在眉睫。一九〇一年後，中國的雜誌上觸目可見的是對帝國主義滅亡中國的危局的沉痛陳述和對悍勇的民族精神的呼喚。

　　中國留日學生創辦於日本橫濱的革命刊物《開智錄》在一九〇一年刊登了兩篇頗具震撼力的文章：〈論帝國主義之發達及二十世紀世界之前途〉、〈義和團有功於中國說〉。在新世紀到來之際，提出了兩個發人深省的問題：一個是二十世紀是個什麼樣的時代；一個是中國

人應當如何進入新的時代。文章認為,「今日之世界,是帝國主義最盛,而自由敗滅之時代也」,中國已成為二十世紀帝國主義列強爭奪的焦點。對帝國主義肆虐亞洲的景象作了令人驚心動魄的描繪:「基督紀元二十世紀開幕所演之大劇也:忽然烏天黑地,雲黯風號,於是若碧眼,若血口,若長臂,若高足,種種離奇怪相舞蹈而來者,猙獰之惡鬼也;既而又山搖嶽動,木拔海翻,於是或尖牙,或利爪,或斧頭,或劍尾,色色兇殘猛暴跳躍而出者,酷毒之猛獸也。凶凶然,逐逐然,擾攘歐洲以外之天地,非帝國主義之惡相乎?……此列強殖民之時也,此雖曾稍演於十九世紀之末,而實為二十世紀之先導也。」[110]那麼,中國人民將如何對付即將到來的災難和考驗?文章認為,帝國主義是「膨脹主義」,是「擴張版圖主義」,是「侵略主義」,是「強盜主義」,對之,中國人惟有「奮發尚武之精神」,爭自主,爭獨立:「然欲破其勢,挫其銳,摧其鋒,屈其氣,敗其威,非高搖自由自主之旗,大鼓國民獨立不羈之氣,必不能。」[111]因此,文章作者熱情歌頌義和團的愛國反侵略精神和視死如歸的英雄氣概,認為這是「中國之民氣未嘗泯然息沒」的證明,期望「我國民精神可從此振刷」,一洗睡獅病獸之態,勃然而起,闢創一新世界。[112]

中國人自古以來便視中國是世界的中心,中國皇帝是天之驕子,君臨天下,泱泱大國如海納百川,對其它周邊弱小國家有極強的文化

---

110 〈論帝國主義之發達及二十世紀世界之前途〉,收錄於張枬、王忍之編:《辛亥革命前十年間時論選集》第一卷上冊(北京市:生活‧讀書‧新知三聯書店,1963年),頁56。

111 〈論帝國主義之發達及20世紀世界之前途〉,收錄於張枬、王忍之編:《辛亥革命前十年間時論選集》第一卷上冊(北京市:生活‧讀書‧新知三聯書店,1963年),頁56。

112 〈義和團有功於中國說〉,收錄於張枬、王忍之編:《辛亥革命前十年間時論選集》第一卷上冊(北京市:生活‧讀書‧新知三聯書店,1963年),頁62。

融合力。由於長期沒有遇到強大的對手，因而競爭意識不強，國家觀念薄弱。國家觀念薄弱則不能建立真正強固的國家。如何振刷民族精神？愛國志士們急急從西方國家的武器庫中取來了民族主義這個利器。

　　一九〇一年年底，梁啟超在《清議報》上發表〈國家思想變遷異同論〉，引德國大政治學者伯倫知理所著《國家學》，將歐洲中世紀與近世國家思想的變遷，介紹到中國來。他認為，歐洲各國當時十八與十九兩世紀之交，是處在民族主義飛躍發展的時代，國家思想和民族主義運動勃興，列國崛起，成今日之強勢。他們所建立的新帝國，已不是過去時代以君主為主體的獨夫帝國，而是以全國民為主體的民族帝國，這便是近代意義的民族國家。但「民族主義發達之既極，其所以求增進本族之幸福者無有厭足，內力既充，而不得不思伸之於外」，所以歐洲列國強大之後，便向外擴張，從民族主義發展為民族帝國主義。他還指出，中國今日卻處於民族主義尚未發達的時代，這自然不可能同歐洲各國相匹敵。每個國民都應該認清這個形勢，急起直追，「知他人以帝國主義來侵之可畏，而速養成我所固有之民族主義以抵制之，斯今日我國民所當汲汲者也」[113]。一九〇二年，梁啟超再寫〈論民族競爭之大勢〉一文，分析二十世紀中國所處之國際環境，指出：「新世紀中民族競爭之大勢，全移於東方，全移於東方之中國，其潮流有使之不得不然者耶」；「今日欲救中國，無它術焉，亦先建設一民族主義之國家而已」[114]。

　　在這些文章裏，作者初步提出了有關民族主義的一些觀點。

　　首先，什麼是民族主義？梁啟超說：「民族主義者，世界最光明

113　梁啟超：〈國家思想變遷異同論〉，收錄於《飲冰室合集‧文集》之六（北京市：中華書局，1989年），頁22。

114　梁啟超：〈論民族競爭之大勢〉，收錄於《飲冰室合集‧文集》之十（北京市：中華書局，1989年），頁35。

正大公平之主義也，不使他族侵我之自由，我亦無侵他族之自由。其在於本國也，人之獨立，其在於世界也，國之獨立。」[115]

其次，歐美民族主義發展的規律是怎樣的？梁啟超說：「近四百年來，民族主義，日漸發生，日漸發達，遂至磅礴鬱積，為近世史之中心點。順茲者興，逆茲者亡。」[116]歐洲之明君賢相因勢利導，故能建造民族的國家。可以說，「民族主義者，實製造近世國家之原動力也」。但民族強大以後，要求向外擴張，「於是由民族主義，一變而為民族帝國主義，遂成十九世紀末一新之天地」。並認為，這種變化，「皆迫於事理之不得不然，非一二人之力所能為，亦非一二人之力所能抗者也」。[117]而「自今以往，則大帝國與大帝國競爭之時代也」。梁啟超由此而提出了三個世界的觀點，他認為英、德、俄、美是今日世界第一等國，是帝國主義之代表。其它各國，則分為兩類：一類是「懷抱帝國主義以進取為保守，而尚未能達其目的」者；二類是「為他人帝國主義所侵噬，而勢將不能自存」者。「全地球八十餘國，可以此三者盡之矣」；「脫來焦氏所謂國際歷史，勢將壓迫第二流以下之國家，使失其獨立。誠哉，天地雖大，而此後竟無可以容第二等國立足之餘地也」。[118]

最後，民族主義和帝國主義的理論基礎是什麼？梁啟超認為，以盧梭為代表的平權派的理論「天賦人權」、「民約論」等是民族主義的理論基礎，而以斯賓塞為代表的強權派的理論「進化論」等是帝國主義的理論基礎。「平權派之言曰，人權者出於天授者也，故人人皆有

---

115 梁啟超：〈國家思想變遷異同論〉，收錄於《飲冰室合集・文集》之六（北京市：中華書局，1989年），頁20。

116 梁啟超：〈論民族競爭之大勢〉，《飲冰室合集・文集》之十（北京市：中華書局，1989年），頁10。

117 同上書，頁13。

118 同上書，頁23。

自主之權，人人皆平等。國家者，由人民之合意結契約而成立者也，故人民常有無限之權而政府不可不順從民意，是即民族主義之原動力也。其為效也，能增個人強立之氣，以助人群之進步，及其弊也，陷於無政府黨，以壞國家之秩序。強權派之言曰，天下無天授之權利，惟有強者之權利而已。故眾生有天然之不平等，自主之權當以血汗而獲得之。國家者由競爭淘汰不得已而合群以對外敵者也，故政府當有無限之權，而人民不可不服從其義務，是即新帝國主義之原動力也。其為效也，能確立法治之主格，以保團體之益；及其弊也，陷於侵略主義，蹂躪世界之和平。」[119]梁啟超指出，世界思潮已隨著近代列強的對外擴張政策而為之一變，以優勝劣敗為天演公例，從前視為蠻暴的侵略行為現在則認為是文明的常規，優等人類斥逐劣等人而奪其利，就像人類斥逐禽獸一樣天經地義。

顯然，梁啟超對民族主義及其發展到民族帝國主義的歷史具有客觀唯物主義的認識，而對兩者的歷史作用也進行了有利有弊的正反兩面的評價，成為當時中國人對民族主義最早的闡述。但梁啟超對帝國主義的批判是很不夠的，表現了軟弱和無奈。

二　兩種民族主義

十九世紀中葉以後，中國面臨的民族問題主要有兩個：一個是受西方列強侵略的外國民族壓迫的問題，一個是受滿洲封建貴族統治的國內民族壓迫問題。為尋求自存之道，適應競爭之世，救中國於亡國滅種之災，民族主義這個武器被運用得最多最廣。在中國的民族主義

---

119 梁啟超：《國家思想變遷異同論》，《飲冰室合集‧文集》之六（北京市：中華書局，1989年），頁19。

興起的最初階段，由於國內外矛盾的交織，兩者的關係不容易處理好，有關如何運用民族主義的爭論也非常激烈。大致可分為以改良派為代表的矛頭主要對外的民族主義和以革命派為代表的矛頭主要對內的民族主義。

前者認為，提倡民族主義，目的是凝聚國內各民族的力量，對付外來民族的挑戰，追求中國的獨立自強。這一派對國內民族矛盾採取了淡化的態度。一九〇二年，《新民叢報》刊登的旅美華人葉恩等〈上振貝子書〉中說：「今日列強並立，無不以民族帝國主義為方針，故其國民團合，視國家為一體，兢兢焉與萬國爭強。今滿漢也，皆黃種也，同一民族也，同一民族則宜團為一體，不宜歧視。為今天下各州縣，開地方自治議會，准其自治，久之開各省會議，又久之開議會於京師，確立憲法，漢滿民族，同擔義務，同享利權，則中國不數年而強，大清之統不萬年而存，未之有也。」[120]同年，該報又刊登康有為〈辨革命書〉，中說：「又今言自立，則必各省相爭，即令不爭，而十八省分為十八國。此日本人之所黨言，而旅日者之所深惑也。然使果分十八國，則國勢不過為埃及高麗而已，更受大國之控制奴隸而已……弱小之邦，歲月被滅，不可勝數……凡物合則大分則小，合則強分則弱，物之理也……國朝入關二百餘年，合為一國團為一體，除近者榮祿剛毅挑出此義，已相忘久矣。所謂滿漢者，不過如土籍客籍籍貫之異耳。其教化文義，皆從周公、孔子，其禮樂典章，皆用漢、唐、宋、明，與元時不用中國之教化文字迥異，蓋化為一國，無復有風微之別久矣……則國人今日之所當憂者，不在內訌而在抗外也。欲抗外而自保，則必當舉國人之全力，聚精會神而注於是，

---

120 〔美〕葉恩等：〈上振貝子書〉，收錄於張枬、王忍之編：《辛亥革命前十年間時論選集》第一卷上冊（北京市：生活・讀書・新知三聯書店，1963年），頁210。

或可免也。方當同舟共濟之日，若為內訌，則兄弟鬩於牆，外禦其侮，恐為阿坤鴉度之能脫於西班牙，而適利美國之漁人。」[121]他們認為，滿洲人在很大程度上已經同化於漢人，因而具有了構成一個混同民族的資格，不要把滿洲視為異族，可由滿漢等民族「合為一國」，「團為一體」，建成多民族的國家，實行「滿漢不分，君民同治」，渴望清朝統治者變法圖強，以禦外侮。

　　後者則認為，提倡民族主義，首先應排除滿洲封建貴族在中國的統治，恢復漢民族對中國的統治地位，建立以漢民族為主體的國家，從而以多數優等的民族實行國家的改造和建設，振興中華。這一派對於如何解決外國侵略的民族問題沒有提出直接的主張。

　　〈義和團有功於中國說〉的作者最早在公開出版的期刊中提出了反滿的民族主義思想：「我國人日言為外人奴隸之恥而不知為滿洲奴隸之恥，日言排外種而不知排滿洲之外種。滿洲賊之盜我中華也，二百八十年於茲矣……滿賊毫不恤爾民之艱辛，民不聊生，瞠若罔覺；甚至覓食異國，亦無兵艦之護衛，徒派暴官以殘剝。嗟我同胞，何堪此苦！為外人之奴隸，不過身羈外人之土，謀外人之財，猶可言也。乃竟對一大賊強盜，奪我之土，握我之財，凡外人之要求也則順手與之，我方鏤心鐫骨以圖奪回之不暇，孰料計不出此，引為同族，認為慈父，旦夕承歡於其膝下，不亦乎？」從而得出「傾此二百餘年根深強固野蠻無紀之政府，滅此不可枚舉尸位素餐冥頑不靈之滿族」的結論。[122]革命派中不少人提出建立由漢民族組成的單一民族國家。他們認為，中國除東三省為滿洲之分地外，渝關以內十九省為漢人之分地，今十九省為滿人入主，便是外族入侵，中國已亡，漢人已淪為奴

---

121 康有為：〈辨革命書〉，載《新民叢報》1902年第16期。

122 〈義和團有功於中國說〉，收錄於張枬、王忍之編：《辛亥革命前十年間時論選集》第一卷上冊（北京市：生活·讀書·新知三聯書店，1963年），頁216。

隸。所以，要「將滿洲韃子從我們的國土上驅逐出去」，「光復我民族的國家」。[123]孫中山、章太炎都把滿族斥之為「異種」，要「逐滿」，使歸其分地。他們認為，把中國的自強振興的願望寄託在滿洲統治者身上是空想。陳天華在其《絕命書》中對改良派反對「排滿」予以批駁，他說：「去歲（1904年——筆者注）以前，亦嘗渴望滿洲變法，融和種界，以禦外侮，然至近則主張民族者，則以滿漢終不並立。我排彼以言，彼排我以實；我之排彼自近年始，彼之排我，二百年如一日。我退則彼進，豈能望彼消釋嫌疑，而甘心願與我共事乎？欲使中國不亡，惟有一刀兩斷，代滿洲執政而卵育之。」胡漢民則指出解決國內民族矛盾是解決國外民族矛盾的前提：「以吾多數優美之民族，鉗制於少數惡劣民族之下，彼不為我同化，而強我同化於彼，以言其理則不順，以言其勢則不久，是故排滿者，為獨立計，為救亡計也。」[124]

綜觀革命派的反滿民族主義可知，一是它並非狹隘的民族復仇主義；二是它不僅僅是種族之爭，在更大的意義上是政治策略之爭。因為世界潮流，趨於民主，反對少數人獨裁，而滿洲統治所代表的正是封建獨裁的政治。孫中山就曾經說過：「我們推倒滿洲政府，從驅除滿人那一面說，是民族革命，從顛覆君主政體那一面說，是政治革命。」這種民族主義是包含了民主精神的新的民族主義。對於這種反滿的民族革命思想，改良派擔心會導致中國內部戰亂，外人乘虛而入，瓜分滅亡中國。康有為說：「不顧外患，惟事內訟，同室操戈，他人入室。無端生此大波，立此亂說，於倫理為悖則不順，於時勢為反而非宜。」[125]而革命派對於反滿革命會招致列強干涉的觀點不以為

123 《孫中山全集》第一卷（北京市：中華書局，1981年），頁297。

124 胡漢民：〈《民報》之六大主義〉，載《民報》第3號。

125 康有為：〈辨革命書〉，載《新民叢報》1902年第16期。

然，也表現了他們對外國帝國主義認識不足和存在幻想。

改良派與革命派對民族主義的理解和運用，既有具體主張上的分歧，也有民主立場上的分歧。改良派反對排滿雖有理論上的合理因素（滿族非異族），但其要害是對清朝統治者仍抱有很大幻想，希望互相妥協。而革命派的排滿除政治策略上的考慮之外，更重要的是表現了他們反封建的民主性更為強烈。但改良派和革命派的爭論，並不妨礙他們救亡圖存振興中華的根本目標的一致。在以後不斷發展的認識中，大家都從幼稚走向成熟。辛亥革命的勝利是對改良派反對「排滿」的軟弱性的有力批判，而革命後孫中山提出「五族共和」、「民族統一」則說明了改良派對清代的國家民族融合問題的觀點是有客觀事實根據的。

三　從民族主義到世界主義

民族主義在實行的過程中，有兩種值得注意的發展趨向：一是民族主義過渡發展而成為狹隘民族主義和排外主義，一是從民族主義而過渡到世界主義。

在辛亥革命時期，主張反滿革命的人不少都有或多或少的大漢族主義，這是民族主義在運用中的一種偏差。當時便有人對此進行了批評：「近歲學者……或謂種族既殊，即不能同居一國，或謂即同居一國，亦當服從漢族之政治。由前說，則為狹隘；由後說，則為自尊。既欲別他族於漢族之外，則回民苗民，亦不當與漢人雜處；既欲他族受制於漢族，則與今日漢、蒙、回、藏受制滿洲者奚異？且民族帝國主義之說，亦將因此而發生，此學理之誤者也。」[126]所以，反滿革

---

126 〈論種族革命與無政府革命之得失〉，收錄於張枬、王忍之編：《辛亥革命前十年間時論選集》第二卷下冊（北京市：生活‧讀書‧新知三聯書店，1963年），頁951。

命，要加以正確的引導，明確反滿主要是反對滿族的特權，而不是反對滿漢的民族融合。否則便會走向狹隘的種族主義。對外方面，在弱肉強食的國際環境裏，中國處於弱國地位，很需要運用民族主義作為護衛本民族利益的武器，這種防禦性的自衛很容易引發排外主義的情緒和傾向。義和團運動後，有識之士曾就排外主義予以精闢的論述，他們把排外分為「文明排外」和「野蠻排外」兩種類型，力主既反對外國侵略又師夷長技的「文明排外」，反對逞意氣、背公理、於事無補的「野蠻排外」。他們說：「野蠻排外的方法，全沒有規矩宗旨，忽然聚集數千百人，焚毀幾座教堂，殺幾個教士、教民以及遊歷的洋員、通商的洋商，就算能事盡了。洋兵一到，一哄走了，割地賠款，一概不管。……若是有愛國的心腸，這野蠻排外斷斷不可行的。」[127] 顯然，對弱小民族來說，籠統的排外主義並不能真正保護本民族的利益，而且對民族的發展不會有好處。

　　世界主義是對民族主義的一種批判性的發展。中國的無政府主義者比較喜歡提倡這個主義，他們批判民族主義是落後的、自私的、違反公道真理的，主張取消種界、國界，追求無強權、無爭鬥、互助和睦的大同世界。他們說：「今之僅倡民族主義者，其謬有三：一曰學術之謬。如華夏之防，種性之說，雖係中國固有之思想，然貴己族以賤他族，不欲與彼雜居，係沿宗法時代之遺風。……二曰心術之惡。今之倡革命者，有一謬論，謂排滿以後，無論專制立憲，均可甘心，故於朱元璋、洪秀全，均深誦其功。不知朱元璋、洪秀全之虐民，不減於滿洲。吾人之革命，當為民生疾苦計，豈僅為正統閏統辨乎！……三曰政策之偏。今一般國民，雖具排滿思想，然今之所謂革

---

127 陳天華：《警世鐘》，收錄於《陳天華集》（長沙市：湖南人民出版社，1982年），頁85。

命黨，不外學生與會黨二端。夫一國之革命，出於全體之民，則革命以後，享幸福者亦為多數之人，若出於少數之民，則革命以後，享幸福者仍屬少數之民。……舉此三事，則知無政府革命，凡種族革命之利無不具，且盡去種族革命之害。況實行無政府，則種族、政治、經濟諸革命均該於其中，若徒言種族革命，決不足以該革命之全，此無政府革命，優於種族革命者也。」[128]無疑，世界主義是非常合乎人道公理的一種理想主義，對於生活在專制制度下的人民尤其有吸引力，但是由於它與現實距離太遠，幾乎沒有實踐意義。而且，在列強交爭的世界上，世界主義往往被企圖吞併弱國的帝國主義國家所利用。孫中山就曾經說過，帝國主義國家「天天鼓吹世界主義，謂民族主義的範圍太狹窄，其實他們主張的世界主義，就是變相的帝國主義與變相的侵略主義」。[129]又對英國和俄國的世界主義進行了批判：「英俄兩國現在生出了一個新思想……是反對民族主義的思想……，簡單地說就是世界主義。……世界上的國家拿帝國主義把人征服了，要想保全他的特殊地位，做全世界的主人翁，便是提倡世界主義，要全世界都服從。……民族主義是人類自下而上的工具，如果民族主義不能存在，到了世界主義發達之後，我們便不能存在，就要被人淘汰。」[130]孫中山在反對英俄的「世界主義」的同時，並沒有把自己局限在狹隘的民族主義中，而是積極地為中華民族的發展開拓道路。他認為被壓迫民族應聯合起來，互助合作反對霸權，推進國際間的和平和發展，才能走向真正的世界主義。

　　中國既要獨立自主，在世界上爭得一席之地，也要聯合世界上以

128　〈論種族革命與無政府革命之得失〉，張枬、王忍之編：《辛亥革命前十年間時論選集》第二卷下冊（北京市：生活・讀書・新知三聯書店，1963年），頁951。

129　《孫中山全集》第九卷（北京市：中華書局，1986年），頁223。

130　《孫中山全集》第九卷（北京市：中華書局，1986年），頁216。

平等待我之民族，共同奮鬥。這是孫中山提出的觀點，也是他所設想的實現世界大同之道。胡漢民、廖仲愷等人曾向孫中山提出了組織「民族國際」的計劃，獲得了孫中山的肯定和贊同。「民族國際」是把民族主義從國家範圍發展到國際範圍的一個步驟，這就是中國應該同被壓迫的東方民族聯合起來，造成「大亞洲主義」，反對歐洲列強的壓迫，學習歐洲的科學，振興工業，改良武器，同時用中國的仁義道德作為平等聯合的紐帶，互相幫助，互相扶持，振興亞洲。這種反對霸權、平等地實行國際合作、逐步地把民族主義發展為世界主義的思想，為民族主義的走向指出了一條正確的道路。

地域文化研究叢書·嶺南文化叢刊 A0203006

嶺南近代文化論稿　　上冊

作　者	劉聖宜
責任編輯	蔡雅如
發行人	陳滿銘
總經理	梁錦興
總編輯	陳滿銘
副總編輯	張晏瑞
編輯所	萬卷樓圖書股份有限公司
排　版	林曉敏
印　刷	百通科技股份有限公司
封面設計	菩薩蠻數位文化有限公司

出　版　昌明文化有限公司

桃園市龜山區中原街 32 號

電話　(02)23216565

發　行　萬卷樓圖書股份有限公司

臺北市羅斯福路二段 41 號 6 樓之 3

電話　(02)23216565

傳真　(02)23218698

電郵　SERVICE@WANJUAN.COM.TW

大陸經銷

廈門外圖臺灣書店有限公司

　電郵 JKB188@188.COM

ISBN 978-986-496-006-4

2017 年 7 月初版

定價：新臺幣 280 元

如何購買本書：

1. 劃撥購書，請透過以下郵政劃撥帳號：

    帳號：15624015

    戶名：萬卷樓圖書股份有限公司

2. 轉帳購書，請透過以下帳戶

    合作金庫銀行　古亭分行

    戶名：萬卷樓圖書股份有限公司

    帳號：0877717092596

3. 網路購書，請透過萬卷樓網站

    網址 WWW.WANJUAN.COM.TW

大量購書，請直接聯繫我們，將有專人為您

服務。客服：(02)23216565 分機 10

如有缺頁、破損或裝訂錯誤，請寄回更換

國家圖書館出版品預行編目資料

嶺南近代文化論稿 / 劉聖宜著.-- 初版.-- 桃
園市：昌明文化出版；臺北市：萬卷樓發
行, 2017.07　冊；　　公分.--(地域文化研究叢
書. 嶺南文化叢刊)

ISBN 978-986-496-006-4(上冊：平裝).--

1.文化史　2.近代史　3.嶺南

673.04　　　　　　　　　　106011186